歌舞伎キャラクター絵図

厳選53演目の見方・楽しみ方

新版

え〜とうざ〜い　とうざ〜い。

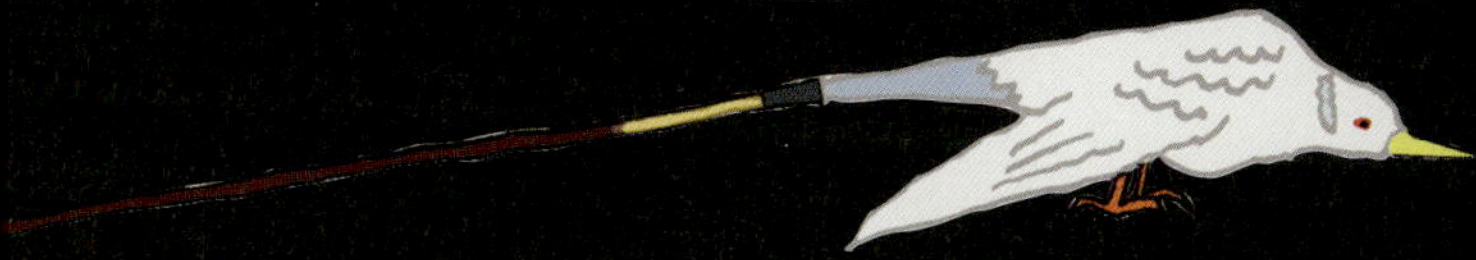

口上

ある時、歌舞伎を観ていたら、豪華な衣裳、所作、言葉……あれ？こんなキャラクター、原宿あたりで見なかったかなと感じた。歌舞伎は「傾（かぶ）く」という意味らしいけど、案外日本人は、昔からファッションだって何だって、傾いていたんじゃないかなあ。”ユーモアの無い没個性の日本人“と言われることもあるけれど、この個性豊かな歌舞伎の演目を観ていると、とてもそんなことは考えられない。中には役者さんをずらりと並べた出し物もあり、物語は二の次。それはまるでファッションショーのようで、衣裳以外でも、それぞれが強烈な個性を見せる。

忠義とか義理人情とか、一見、封建的な話が多いけれど、待てよと考えてみた。

題材はそのような物語を借りてきて自分の言いたいことを言っているようで、その時代の大衆の知恵、奇抜なスタイルで自らをアピールするアウトローたちのエネルギーのようなものを感じる。それが今に続いている理由かもしれない。この強烈で華麗な歌舞伎のキャラクターを列（なら）べるだけでもワクワクする。また役どころからその歌舞伎を観ると、案外違った奥深さを感じ取れるのではと考えた。

この本では、そのユニークな歌舞伎キャラクターをイラストレーターの目で選び出し、ランダムに描きだしてみた。

きっと若い人も、「あんな古いもの」と思わずに、歌舞伎のことを好きになるに違いない。「故(ふる)きを温(たず)ねて新しきを知る」とあるがその通りで、歌舞伎についても的を射た言葉だと思う。

さあスター・ウォーズも顔負けのキャラクターを訪ねよう。そして一緒に「傾き」ましょう。

イラストレーター　辻村　章宏

編集者より

「江戸楽」編集部とは

遊び心と粋な美意識があふれる「江戸」の伝統と文化。『江戸楽』は、江戸にまつわる様々な特集や、NHK「その時歴史が動いた」でお馴染みの松平定知アナウンサー、江戸東京博物館名誉館長の竹内誠氏といった江戸を深く知る著名人による連載を通じて、江戸を学び、現代に活かすことができる暮らしの喜びや知恵をご紹介する文化情報誌です。創刊より好評連載中、松平定知氏「日々是歴史也」のイラストを本書イラスト・解説の辻村章宏氏が担当しています。

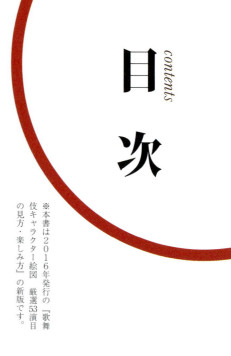

目次

contents

※本書は2016年発行の『歌舞伎キャラクター絵図　厳選53演目の見方・楽しみ方』の新版です。

口上 …… 2
目次 …… 4
本書の見方・使い方 …… 6
演目の種類 …… 8
荒事 …… 10
隈取 …… 12
江戸「中村座」 …… 14
鬘・顔色 …… 16

毛抜（雷神不動北山桜） …… 62
鯉つかみ（湧昇水鯉滝） …… 64
外郎売 …… 66
象引 …… 68
暫 …… 70
蘭平物狂（倭仮名在原系図） …… 74
鳴神（雷神不動北山桜） …… 76
矢の根 …… 78
勧進帳 …… 80
八犬伝（南総里見八犬伝） …… 82
女性キャラの衣裳・髪型 …… 84

世話物

源氏店（与話情浮名横櫛） …… 86
法界坊（隅田川続俤） …… 88
四谷怪談（東海道四谷怪談） …… 90
鞘当（浮世柄比翼稲妻） …… 94
鈴ヶ森（浮世柄比翼稲妻） …… 96
河内山（天衣紛上野初花） …… 98
籠釣瓶（籠釣瓶花街酔醒） …… 100
お染の七役（於染久松色読販） …… 102
三人吉三（三人吉三廓初買） …… 104
吉田屋（廓文章） …… 106

kabuki characters illustration

時代物

義経千本桜 18
鳥居前（義経千本桜） 19
渡海屋・大物浦（碇知盛）（義経千本桜） 20
鮓屋（義経千本桜） 22
四の切（河連法眼館）（義経千本桜） 24
菅原伝授手習鑑 26
車引（菅原伝授手習鑑） 28
寺子屋（菅原伝授手習鑑） 30
仮名手本忠臣蔵 32
鉄砲渡し・二つ玉（仮名手本忠臣蔵） 34
対面（寿曽我対面） 36
俊寛（平家女護島） 38
廿四孝 十種香 狐火（本朝廿四孝） 40
天竺徳兵衛（天竺徳兵衛韓噺） 42
熊谷陣屋（一谷嫩軍記） 44
楼門（楼門五三桐） 46
石切梶原（梶原平三誉石切） 48
一条大蔵譚（鬼一法眼三略巻） 50
実盛物語（源平布引滝） 52
景清 54
弁慶上使（御所桜堀川夜討） 56
助六（助六由縁江戸桜） 58
白浪五人男（青砥稿花紅彩画） 108
舞台の仕掛け 112

所作事

鷺娘 114
近江のお兼（閏茲姿八景） 116
土蜘 118
身代座禅 120
雨の五郎（八重九重花姿絵） 122
関の扉（積恋雪関扉） 124
供奴（拙筆七以呂波） 126
三社祭（弥生の花浅草祭） 127
太刀盗人 128
棒しばり 130
連獅子 132
黒塚 134
娘道成寺（京鹿子娘道成寺） 136

マップ 140
索引 142
奥付 144

本書の見方・使い方

how to use

1 鳴神
narukami
（なるかみ）
2 雷神不動北山桜
（なるかみふどうきたやままざくら）
3 油断大敵、女の色香に迷った堅物高僧の怒り
4
5 鳴神上人
narukamishonin
（なるかみしょうにん）
6 朝廷に約束を破られた、堅物の高僧。雲の絶間姫に裏切られ雷になる
7 あらすじ
朝廷から戒壇（かいだん）（祈祷所）建立を条件に、男子出生の祈祷の命を受けた「鳴神上人」。しかし男子誕生にも関わらず、朝廷は戒壇建立の約束を果たさなかった。
それに立腹した鳴神上人は、雨を降らせる龍神を滝壺に封じ込め一滴の雨も降らせないようにした。困った朝廷は、美女の誉れ高い「雲の絶間姫」を上人の元へ送り込み女色で法力を破
8
聞いたか聞いたか
聞いたぞ聞いたぞ
黒雲坊・白雲坊は狂言廻し

1 通称
歌舞伎の演目の通称。通称が無いものは本外題

2 本外題
歌舞伎の演目・正式名称

3 見どころポイント
辻村章宏による見どころコメント

4 登場人物イラスト
主要キャラクターのイラスト

9 「見ずもあらず、見もせぬ人の恋しさは、あやなく今日や眺め暮らさん」

雲の絶間姫

kumotaemahime

（くものたえまひめ）

朝廷から派遣された陰陽道に通じた才色兼備の美女スナイパー

こんなこと言って鳴神上人を翻弄した

介抱しようと、初めて触れる女の柔肌に上人の欲望が爆発。姫に勧められた酒で、上人は眠ってしまう。その隙に姫は龍神を逃がし、たちまち雷鳴がとどろき大雨が降り出す。

姫に騙された上人は怒り狂う。白無垢から火焔模様に衣装が変わる「ぶっ返り」や隈取や鬘（かつら）で怒りを表す。柱に絡みつく「柱巻きの見得」、不動明王に真似た「不動の見得」など、歌舞伎十八番の荒事芸にふさわしい見得を見せる。

5 登場人物名
歌舞伎イラストの登場人物名

6 登場人物の紹介
登場人物の役柄や人柄。台詞の解説等

7 あらすじ
演目のあらすじ

8 一言解説
辻村章宏による一言コメント

9 セリフ
辻村章宏が選ぶこの演目の名台詞

※本書では歌舞伎を「時代物」「世話物」「所作事」のジャンルに分けて紹介

○演目の種類

enmoku no shurui

演目の種類は大きく分けて「時代物・世話物・所作事」の三つ

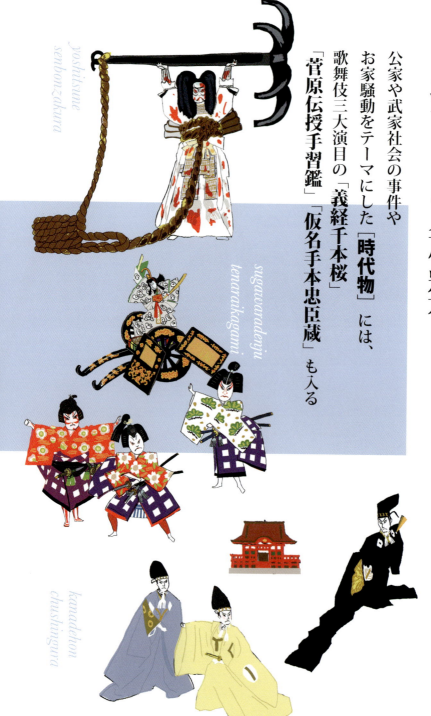

公家や武家社会の事件やお家騒動をテーマにした**「時代物」**には、歌舞伎三大演目の**「義経千本桜」「仮名手本忠臣蔵」「菅原伝授手習鑑」**も入る

sanninkichisa

江戸時代のトレンディ
ドラマが［**世話物**］。
遊郭や恋愛、心中、強盗、
殺人など刺激的で
わかりやすい内容

sagimusume

長唄、常磐津、清元、
義太夫などの
音楽とともに踊る
［**所作事**（しょさごと）］は、歌舞伎の原型

歌舞伎に様々な時代がミックスされているのは、江戸時代の事件やニュースをいち早く歌舞伎に取り入れたため。幕府への配慮から史実を脚色して表現したのである。例えば忠臣蔵の赤穂事件は江戸時代に起ったが、当時そのまま芝居にできなかったため時代を室町時代に設定。平安時代に江戸っ子が登場したり。演じる方も観客も細かいことなど気にせずに楽しんだ。

○荒事

aragoto

荒事か荒事でないかで大きく分かれる

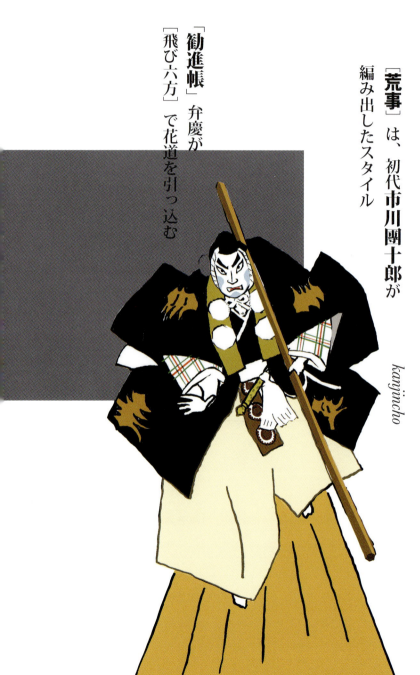

［**荒事**］は、初代**市川團十郎**が
編み出したスタイル

kanjincho

「**勧進帳**」弁慶が
［飛び六方］で花道を引っ込む

「**鳴神**」鳴神上人
［柱巻きの見得］

narukami

yanone

「**矢の根**」
曽我五郎の筋隈

顔にメイクの［隈取］をし、仰々しい衣装を着て、にらみを利かせる［見得］や独特の花道の引っ込み方の［六方］を駆使して力強い演技で超人的な性格を表現する事を［荒事］という。荒事以外は恋愛や江戸庶民の話。

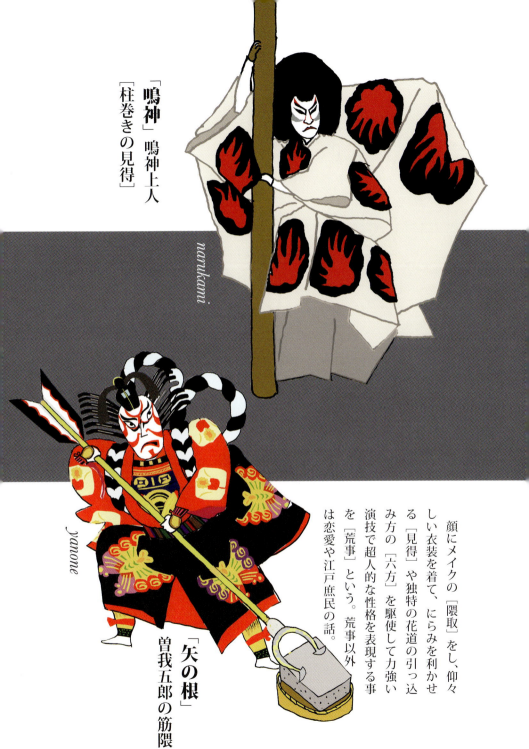

○隈取

kumadori

（くまどり）

インド、中国、インドネシアなど東洋の古典劇では、顔を絵取って役のパワーアップを表現している。宗教的要素も含む。歌舞伎の場合は「荒事」だけに用いられている。ラインの色も正義に燃え上がる「紅」、悪は陰険な「藍」、邪悪は「茶」、「黒」。どちらにしても人間の持つ力以上の何かを表現しようとしているようだ。

筋隈 *sujiguma*

「暫」の鎌倉権五郎、「車引」の梅王丸

一本隈 *ipponguma*

「国性爺合戦」の和藤内

むきみ隈 *mukimiguma*

「助六」の助六

猿隈 *saruguma*

「対面」の朝比奈

鯰隈 *namazuguma*
「暫」の鯰坊主

般若隈 *hannyaguma*
「道成寺」の後シテ

藍隈 *aiguma*
「暫」の清原武衡

二本隈 *nihonguma*
「車引」の松王丸

代赭隈 *taishaguma*
「土蜘」妖怪

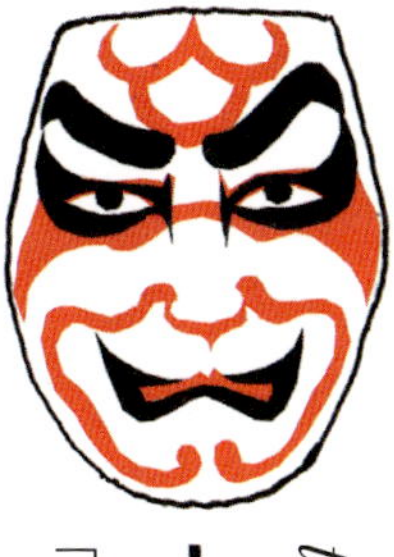

土蜘蛛隈 *tsuchigumoguma*
「土蜘」の土蜘の精

公家荒れ *kugeare*
「車引」の藤原時平

蝙蝠隈 *koumoriguma*
「義経千本桜」の逸見藤太

○江戸中村座

edo nakamuraza

江戸歌舞伎小屋は、猿若（中村）勘三郎が寛永元年（一六二四）に創設した猿若座に始まる。

京都から江戸に下った勘三郎が、町奉行所の許可を得て中橋の辺り（今の日本橋と京橋の中間）に建てた。

他には山村座・市村座・森田座が建てられたが絵島生島事件で山村座が取り潰され、江戸三座が残る。

ドーンドーン、
え〜いらっしゃい、
いらっしゃ〜い。
歌舞伎四百年の歴史の中で
生み出されたキャラクターの数々を、
隅から隅まで。
どうぞ、どうぞご覧くださ〜い。

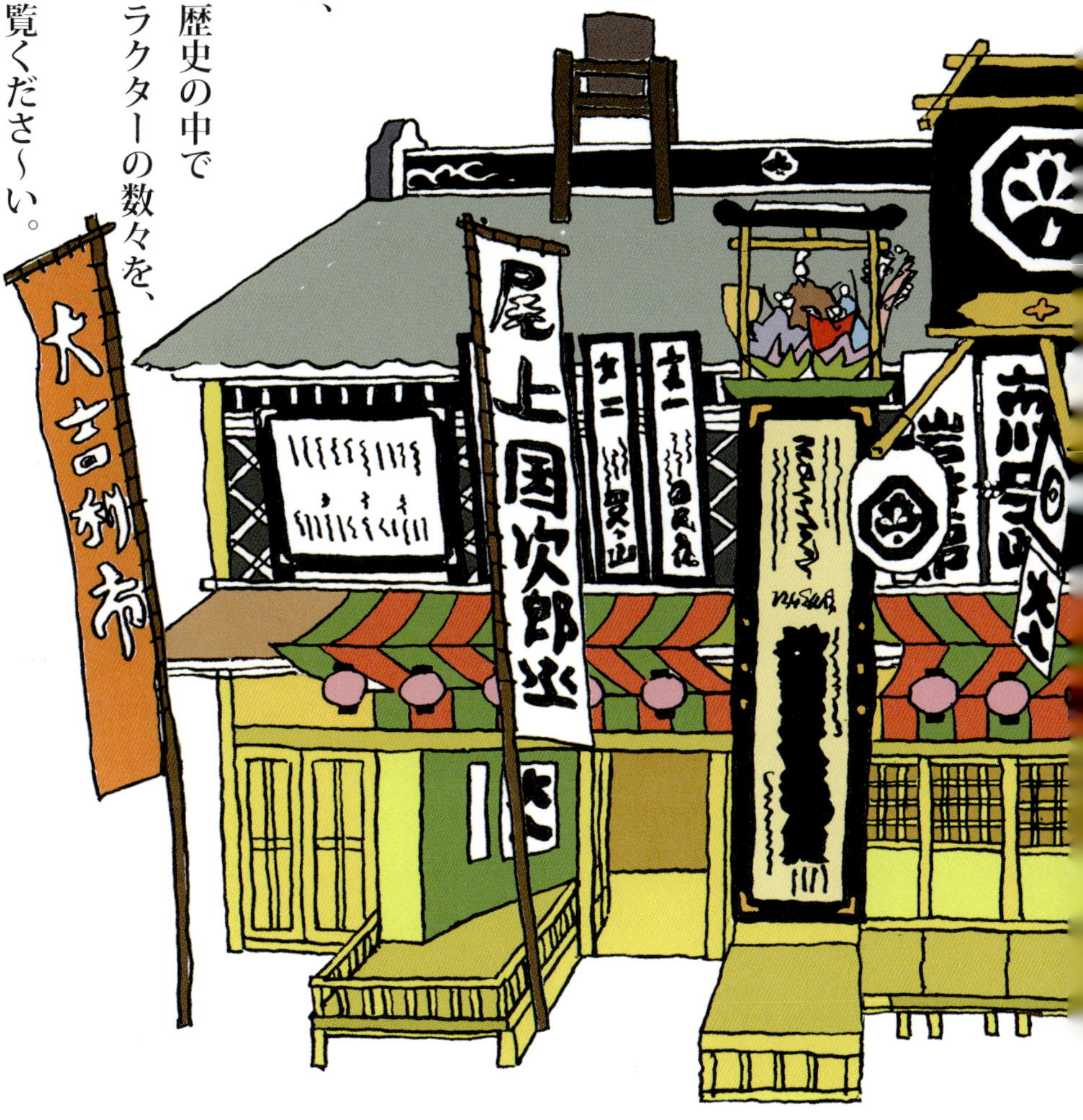

白塗り

正統派から
わけありなどの色男
身分の高い人や若い男など

肌色

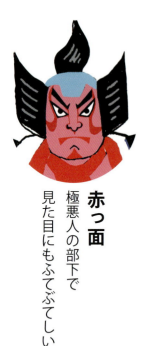

一般人　常識人、
凡人から犯罪者など
人間臭いキャラクター

赤っ面

極悪人の部下で
見た目にもふてぶてしい

百日

百日も
伸ばしていた髪

生締

武士の髪型

めがね

マゲが丸くお調子者

時代物

武家や公家、源平の戦いなど、
主に江戸時代より前の歴史を題材にした話。
江戸時代のお家騒動は過去の時代に置き換えて上演。
三大歌舞伎「**義経千本桜**」
「**菅原伝授手習鑑**」
「**仮名手本忠臣蔵**」もこれに入る。

義経千本桜

yoshitsunesenbonzakura

（よしつねせんぼんざくら）

頼朝に追われた義経にまつわる人々の復讐と逃避行と源平合戦で滅ぼした平家の怨念の物語。

鳥居前（とりいまえ）

渡海屋（とかいや）・**大物浦**（だいもつのうら）**（碇知盛）**（いかりとももり）

鮓屋（すしや）

道行初音旅（みちゆきはつねのたび）**（吉野山）**（よしのやま）

四の切（しのきり）**（河連法眼館）**（かわつらほうげんやかた）

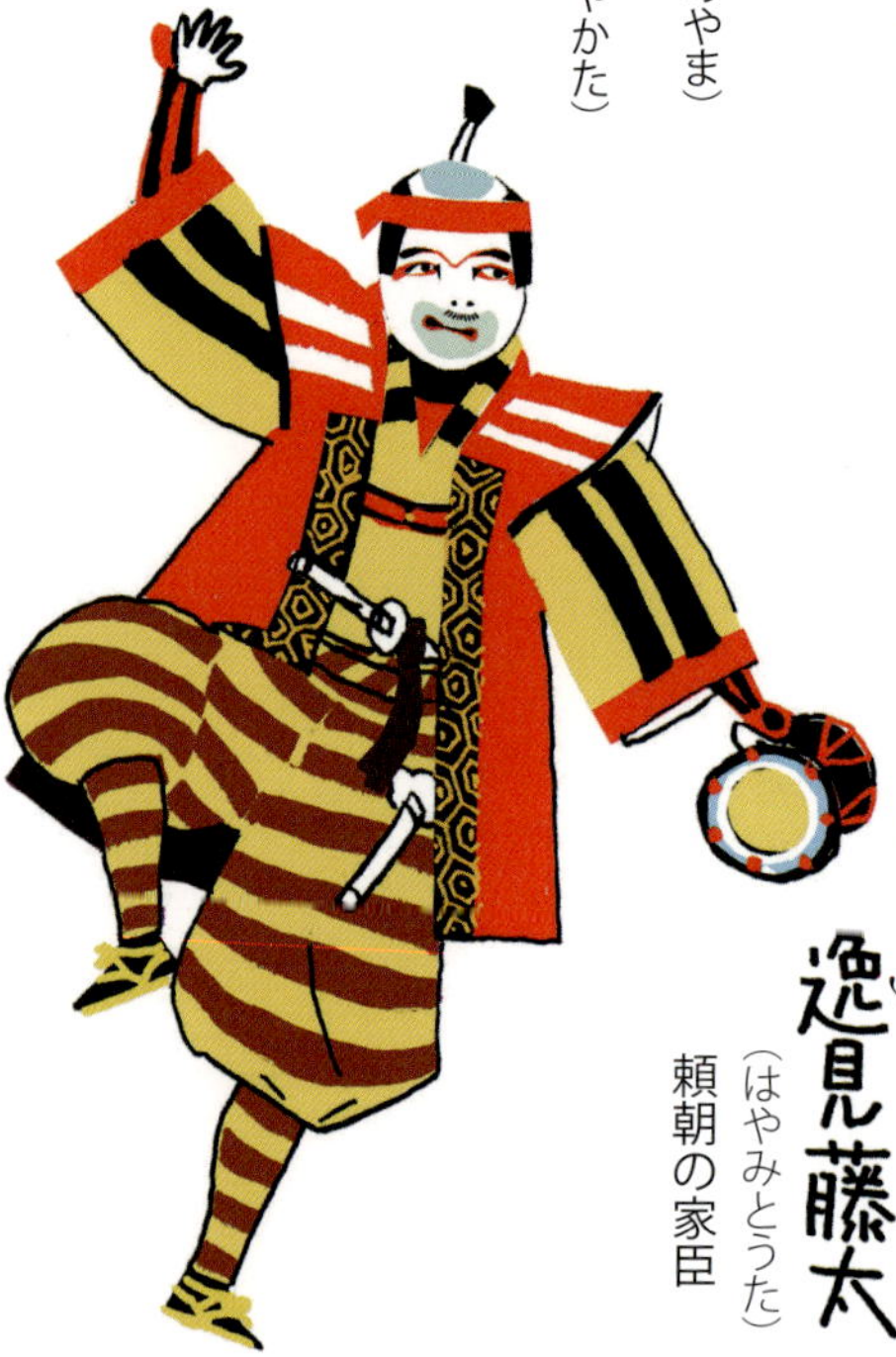

逸見藤太（はやみとうた）

hayamitota

頼朝の家臣

鳥居前（とりいまえ）

toriimae

「吹く風に連れて
聞こゆる
鬨（とき）の声…」

● 何かが変だ、
怨念か、
魑魅魍魎（ちみもうりょう）か

佐藤忠信（さとうただのぶ）
実は源九郎狐

satotadanobu

● 演目のはじまりに
聞こえる浄瑠璃の
語り

あらすじ

二段目「鳥居前」の舞台は、伏見稲荷。「源義経」は兄「源頼朝」の討手を避けて都落ちを決意し、九州へ向かおうとしていた。愛妾「静御前」が後を追おうとするが、義経は同行を許さず、静を梅の木に縛って立ち去る。

そこへ頼朝の討手が来て静を捕らえるが、義経の家来「佐藤忠信」が駆けつけて静を助ける。忠信は実は狐の化身であり、勇壮な荒事の演技が見どころ。

渡海屋・大物浦（碇知盛）

tokaiya・daimotsunoura

（とかいや・だいもつのうら）（いかりとももり）

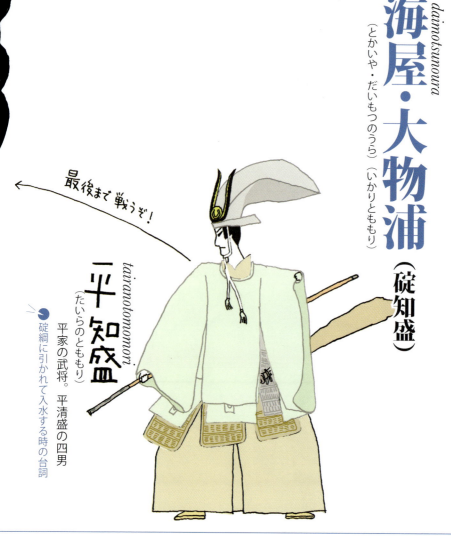

平知盛

tairanotomomori

（たいらのとももり）

平家の武将。平清盛の四男

● 碇綱に引かれて入水する時の台詞

あらすじ

「源頼朝」に追われて都落ちし、九州へ向かう「源義経」一行は、摂津大物浦の船宿渡海屋で天候の回復を待っている。義経たちをかくまう渡海屋の主人「銀平」は、義経らが海上へ船出したところを暗殺しようと企んでいる。

銀平は実は、壇ノ浦で入水したと見せて生き延びた「平知盛」。源氏への復讐心に燃えている。女房の「おりゅう」は安徳天皇の乳母「典侍局」。その娘「お安」は「安徳天皇」であり、実はは生きていたという設定だ。

義経一行は企てを知っていて裏をかき、知盛の計画は失敗する。典侍局は安徳天皇を義経に託して自害。知盛は父「平清盛」の悪逆の報いで平家が滅びたと悟り、重い碇の綱を身体に巻き付けて入水した。

このラストシーンは「碇知盛」とも呼ばれる名場面。約二メートルの高さを背中から飛び降りる、命がけの演技である。知盛の最期を見届けた義経一行は九州へ向かう。

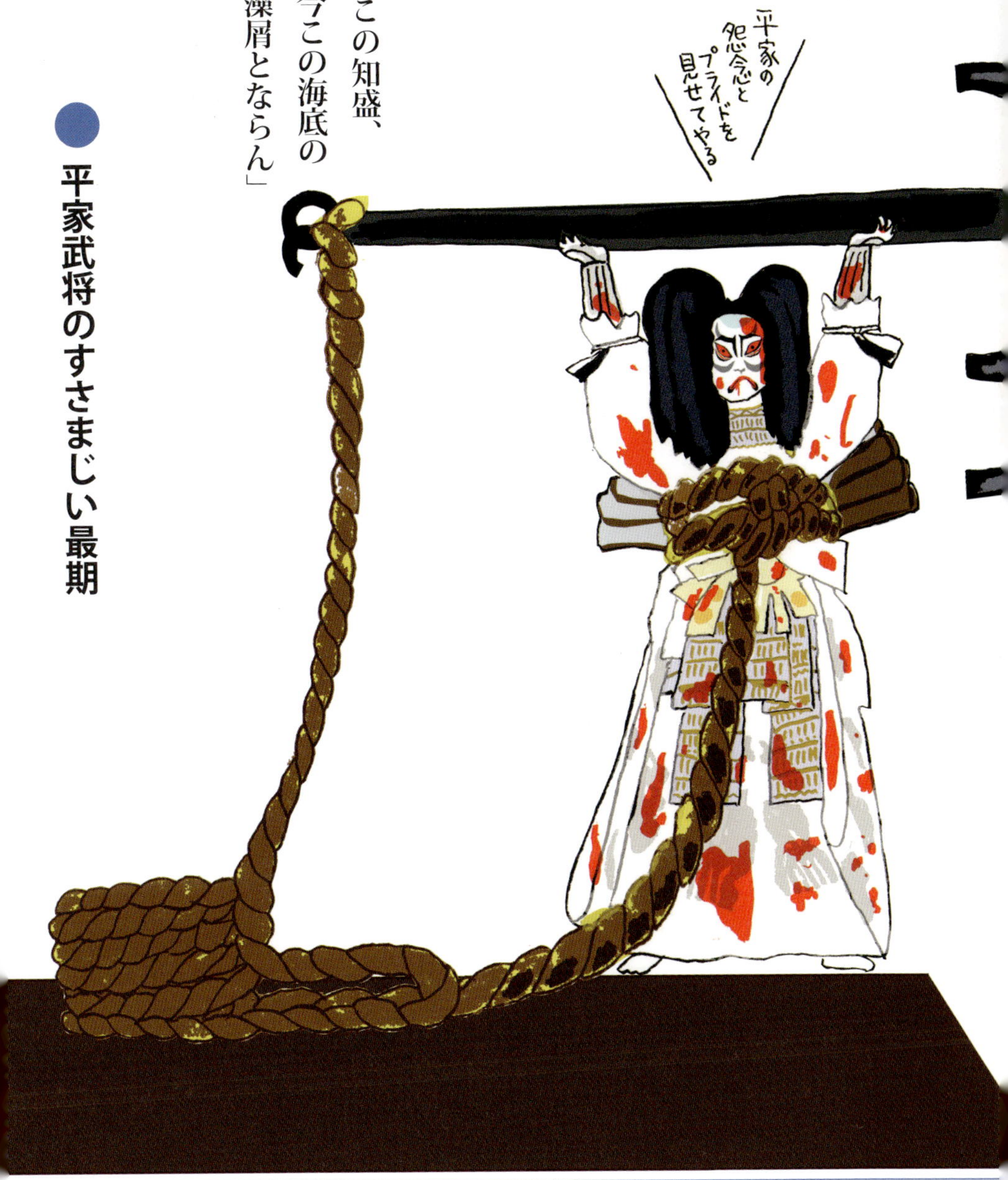

平家の怨念とプライドを見せてやる

「この知盛、今この海底の藻屑とならん」

平家武将のすさまじい最期

義経千本桜

鮓屋（すしや）
sushiya

「何ぼ鬼でも蛇心(じゃしん)でも、親父さん耐(たま)ったもんじゃございやせんぜ」

権太（ごんた）
gonta

乱暴者「いがみの権太」、忠義の大芝居だった

● 弥左衛門に刺された時の台詞

あらすじ

壇ノ浦で死んだはずの「平維盛」が生きていると聞いた「若葉内侍」は、家来の「小金吾」を連れて高野山へ向かった。維盛はすし屋の「弥左衛門」にかくまわれ、下男として奉公している。内侍は途中、「いがみの権太」に金をたかり取られてしまう。さらに鎌倉方の追手に見つけられ、小金吾は殺される。そこへ弥左衛門が通りかかり、維盛の身代わり首として隠しておこうと考え、小金吾の首

kajiwarakagetoki

梶原景時

（かじわらかげとき）

平家と義経を追う大将。

悪役

を切り落として持ち帰った。

権太は弥左衛門の息子で、博打三昧など素行の悪さから勘当の身。鎌倉方の追手「梶原景時」が迫ると、権太は「維盛一家をとらえた」と、首と妻子を差し出した。権太が維盛を売ったことに怒った弥左衛門は権太を刺すが、実は差し出したのは弥左衛門が持ち帰った小金吾の首と、権太自らの妻子であった。権太が改心し親孝行する心の移り変わりと、父子のすれ違いが見どころ。

●忠義の大芝居が自己の悲劇となる

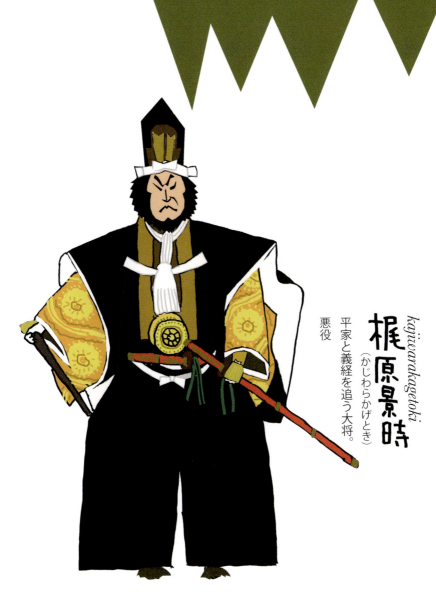

義経千本桜

四の切（河連法眼館）

shinokiri・kawatsurahogenyakata

（しのきり）（かわつらほうげんやかた）

「いよいよ親がなお大切、片時（へんし）も離れず付き添う鼓」

捕手

torite

（とりて）

頼朝方の捕り手

あらすじ

話は二段目「鳥居前」から続く。「源義経」が「後白河法皇」から下賜された初音鼓は、都落ちする際、義経の形見として「静御前」に預けられた。鼓の皮にされた親狐を慕う子狐は、義経の家来「佐藤忠信」（P19参照）に化けて静御前を護っている。静は忠信の正体（狐）を知らない。二人は義経の後を追って、義経が隠れ住む河連法眼館という屋敷に到着。そこへ本物の忠信が現れた。

源九郎狐

（げんくろうきつね）

genkurokitsune

佐藤忠信に化けた子狐。親狐の皮が張られた初音鼓を手に入れ喜ぶ

親を想う台詞

人の情、狐の情になんの変わりがあろうか

義経は親を慕う子狐の孝心に心打たれ、初音鼓を子狐に与えた。喜んだ子狐は、義経に夜討ちを仕掛けようと計画する悪僧を神通力で翻弄し、鼓を抱いて故郷へ飛ぶように帰って行った。

最初はうまく人間に化けていたものの、狐のような手つきをしたり、鼓の音に過敏に反応したりと、徐々に狐の本性を露わにしていく仕草が面白い。本物の忠信と狐忠信を一人の役者が演じ分けるのも見どころの一つ。

菅原伝授手習鑑

sugawaradenjutenaraikagami

（すがわらでんじゅてならいかがみ）

「梅はとび　桜は枯るる　世の中に　なにとて松のつれなかるらん」という菅原道真の歌をテーマに、その時の三つ子誕生の話題と、天神信仰に結びつけてつくられ、話題を呼んだ。

初段　**加茂堤**（かもつつみ）

二段　**道明寺**（どうみょうじ）

三段　**車引**（くるまびき）

四段　**寺子屋**（てらこや）

kanshojo

菅丞相

（かんしょうじょう）

右大臣菅原道真

突風の吹きすさぶ中
ついに天神となり
天に昇る時の台詞

「魂魄雲居に鳴るいかづち……
首領となって眷属（けんぞく）を引きつれ、
都に上り謀叛の奴ばら
引き裂き捨てん」

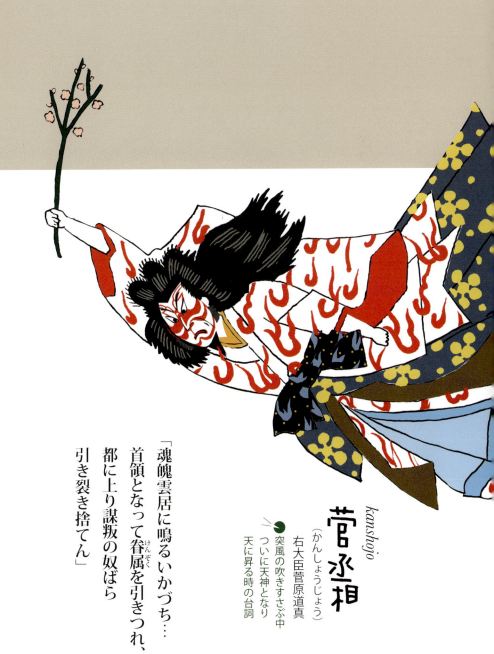

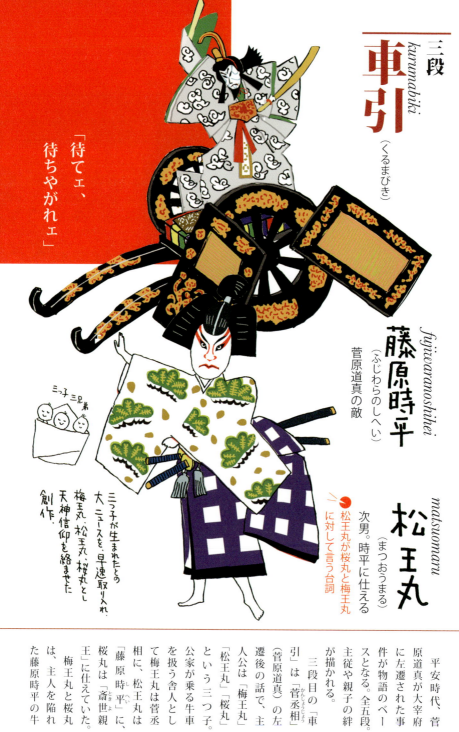

菅原伝授手習鑑

三段 車引
kurumabiki
（くるまびき）

「待てェ、待ちやがれェ」
三つ子三兄弟
三つ子が生まれたとの大ニュースを、早速取り入れ、梅王丸、松王丸、桜丸とし天神信仰を絡ませた創作。

藤原時平
fujiwaranoshihei
（ふじわらのしへい）
菅原道真の敵

松王丸
matsuomaru
（まつおうまる）
次男。時平に仕える

● 松王丸が桜丸と梅王丸に対して言う台詞

あらすじ

平安時代、菅原道真が大宰府に左遷された事件が物語のベースとなる。全五段。主従や親子の絆が描かれる。

三段目の「車引」は「菅丞相（かんしょうじょう）」（菅原道真）の左遷後の話で、主人公は「梅王丸」「松王丸」「桜丸」という三つ子。公家が乗る牛車を扱う舎人として梅王丸は菅丞相に、松王丸は「藤原時平（しへい）」に、桜丸は「斎世（ときよ）親王」に仕えていた。

梅王丸と桜丸は、主人を陥れた藤原時平の牛

世の流れ、三つ子兄弟それぞれの運命

sakuramaru
桜丸（さくらまる）
末弟。斎世親王に仕える

umeomaru
梅王丸（うめおうまる）
三つ子の長兄

車を襲撃して松王丸と対決するが、牛車の中から現れた時平にひと睨みされ、体がすくんでしまう。

各登場人物の隈取がそれぞれの性格を見事に表現している。時平は青い「公家荒れ」で怪異な敵役を表現。松王丸は大人びた「荒事」の役に使われる「二本隈」。梅王丸は三つ子の中で一番気性が激しく、「筋隈」。桜丸は柔らかく、若さを表す「むきみ隈」。「立ち回り」「ぶっかえり」「見得」「六方」など歌舞伎ならではの演出も見どころ。

四段 寺子屋

terakoya

（てらこや）

「親に代わって恩返り、お役に立つは孝行者」

あらすじ

「菅相丞」の弟子「武部源蔵」は京郊外の里に寺子屋を開いていた。「藤原時平」による菅相丞一族への詮議は厳しく、武部源蔵のもとに、かくまっている菅相丞の子ども「菅秀才」の首を差し出せとの命令が下った。身替わりを探すも、万策つきた源蔵は、今日寺子屋に入学したばかりの「小太郎」を殺し、首実検に来た「松王丸」と「春藤玄蕃」に差し出す。松王丸は菅秀才の顔を知ってい

持つべきものは子でござる

松王丸（まつおうまる）
matsuomaru

身代わりにした我が子が死んだことを知った時の台詞

るはずだが、「秀才の首に間違いない」と言い、玄蕃は首を持ち帰る。

実は小太郎は松王丸の子で、源蔵と菅秀才の危機を知った松王丸父子は、自ら進んで身替りとなったのである。親兄弟と別れ、ただ一人敵の時平に仕えることになった我が身の悲哀を嘆く松王丸。

事情を知った源蔵夫婦は、松王丸夫婦と共に涙にくれながら小太郎を弔う。最後まで緊張感のあるスリリングな展開の舞台だ。

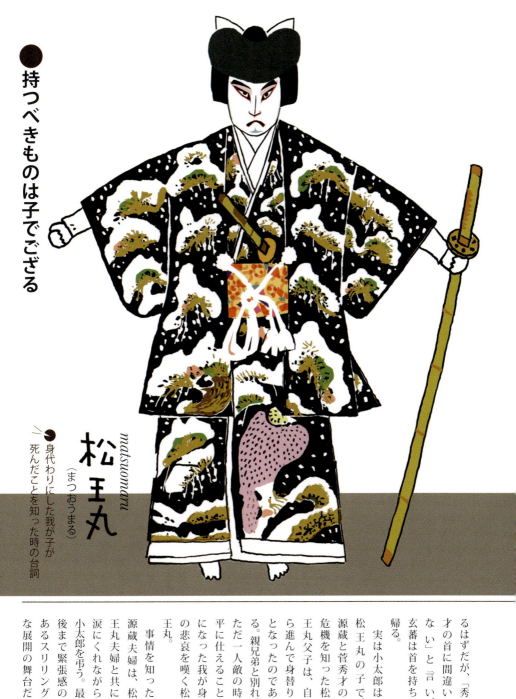

仮名手本忠臣蔵

（かなでほんちゅうしんぐら）

kanadehonchushingura

大序　兜改め（かぶとあらため）

二段目　梅と桜・松切り（うめとさくら・まつきり）

三段目　進物場・喧嘩場・裏門（しんもつば・けんかば・うらもん）

四段目　道行旅路花婿―落人（みちゆきたびじのはなむこ―おちうど）

五段目　鉄砲渡し・二つ玉（てっぽうわたし―ふたつだま）

六段目　勘平腹切り（かんぺいはらきり）

七段目　茶屋場（ちゃやば）

八段目　道行旅路の嫁入（みちゆきたびじのよめいり）

九段目　山科閑居（やましなかんきょ）

十段目　天川屋（あまがわや）

十一段目　討入り（うちいり）

幕府に配慮して
事実より
名前を変え
場所も鎌倉に
争いの原因も変えています。

元禄十四年に起こった江戸城内の刃傷から翌年の吉良邸討ち入りは、太平の江戸の人々を驚かし歌舞伎の題材にもなった。
幕府に考慮して場所も鎌倉に、登場人物も名前を変え大当たり興行となった。

鷺坂

sagisaka

（さぎさか）

半分の敵、味方「半道敵」という道化。
全体を通して出演

五段 鉄砲渡し・二つ玉

teppowatashi・futatsudama

（てっぽうわたし・ふたつだま）

銃音が二つなることから

斧定九郎

onosadakuro

（おのさだくろう）

家老の息子、浪人。
夜道で老人から金を奪うが、
後に猪に間違われ撃たれる。

あらすじ

元禄赤穂事件をベースにした物語。実名による作劇は幕府批判に通じると禁止されていたため、時代設定を南北朝時代とし、登場人物の名も例えば大石内蔵助は「大星由良之助」のように変えて創作された。

歌舞伎の人気作品の一つで、事件の発端から討ち入りまで、復讐を誓った義士たちのドラマが繰り広げられる。全十一段あり、五〜七段目は義士の一人「早野

「ヤアヤアこりゃ人じゃ
南無三宝（なむさんぼう）」

早野勘平（はやのかんぺい）

hayanokanpei

四十七士に数えられなかったが、
義士の志を持つ男の悲劇

●猪と間違って定九郎を
撃ってしまった時の台詞

場所は山崎街道
「中村仲蔵」という題名で
落語にある。

●仇討ちのためとはいえ金がめぐる因果

勘平」の物語。恋人「おかる」が遊郭に身を売って作った仇討ちの資金を、おかるの父「与市兵衛」が受け取る。帰り道、塩冶判官家老「斧九太夫」の息子「定九郎」は与市兵衛を殺して金を奪う。その直後、勘平は猪と間違えて定九郎を銃で撃つ。勘平に対して与市兵衛殺しの嫌疑が高まり、自らも与市兵衛を殺してしまったと錯覚した勘平は切腹。その際に述懐する勘平の長台詞と鬼気迫る様が見どころだ。

対面（たいめん）
taimen

寿曽我対面（ことぶきそがのたいめん）

「手を虚しくは帰すまじ。きょう対面のその印、些少ながら我が年玉」

江戸のお正月はオールスターでお見せします

工藤祐経（くどうすけつね）
kudosuketsune

頼朝の臣。曽我兄弟の父の仇

●曽我兄弟に狩り場の通行証を与える時の台詞

曽我十郎祐成（すけなり）
sogajurosukenari

曽我兄弟の兄

あらすじ

「曽我十郎祐成」と「曽我五郎時致」の兄弟の父「河津三郎祐泰」は、「工藤左衛門祐経」に討たれた。その工藤の館での正月、「梶原景時」「景高」父子、「小林朝比奈」ら諸大名が年頭の挨拶に訪れている。遊女「大磯の虎」「化粧坂の少将」に囲まれる工藤。朝比奈の手引きで工藤は曽我兄弟と対面する。工藤は二人に盃を与えるが、血気にはやった五郎は、盃を叩き割る。親の仇と名乗れ

と詰め寄るが、工藤は源氏の重宝友切丸が手に入らぬうちは仇討ちも叶わないと言い放つ。そこへ兄弟の家来「鬼王新左衛門」が友切丸を持って駆けつける。工藤は、五月の富士の裾野の巻狩の総奉行を務めたら討たれてやろうと約束し、二人に狩り場の切手（通行証）を贈る。二人に討たれてもいいという工藤の本心を知っている兄弟は再会を約束する。内容よりも、華やかで美しい芝居が見どころだ。

俊寛（しゅんかん）
shunkan

平家女護島（へいけにょごがしま）

瀬尾太郎兼康（せのおのたろうかねやす）
senoonotarokaneyasu
平家の使者で赤面の強面、分からずやの役人

丹左衛門尉（たんさえもんのじょう）
tansaemonnojo
情け深く機転のきく役人

あらすじ

平家討伐の鹿ケ谷の陰謀が発覚して「俊寛僧都（しゅんかんそうず）」「平判官康頼（へいはんがんやすより）」「丹波少将成経」の三人は、南海の孤島鬼界ヶ島に流された。成経は、漁師の娘「千鳥」と恋慕うようになっていた。そこへ流人赦免の船が来る。上使「瀬尾太郎兼康」が持っていたのは、康頼と成経の赦免状だったので、俊寛は悲しむ。俊寛の妻「東屋」は「平清盛」に言い寄られたが、それをはねのけ自害。怒った清盛は俊

一人残され、捨てきれない凡夫心

「思い切っても凡夫心(ぼんぷしん)〜(浄瑠璃)」

最後の廻り舞台がすばらしい。
遠ざかる船、迫りくる岩場、
悲劇のスペクタクル。
豊国写ス

俊寛（しゅんかん） *shunkan*

後白河法皇の近臣。平家追討を企て鬼界ヶ島に流刑になる

● あきらめた望郷も、あきらめ切れない

寛の赦免を許さなかったのだ。しかし「平重盛」の情で、俊寛も備前までは戻される事となっていた。出発の時、成経が千鳥を連れて乗船しようとすると千鳥の乗船を拒否される。瀬尾から妻の死を聞いた俊寛は、瀬尾を殺して千鳥を船に乗せた。未来の成仏の為に現世を捨てた俊寛だったが、遠ざかる船を見て凡夫心が蘇る。一人鬼界ヶ島に残った俊寛は船を追い、岩によじ登って未練を見せるのであった。

廿四孝 十種香 狐火

nijushiko jushuko kitsunebi

（にじゅうしこう　じゅしゅこう　きつねび）

本朝廿四孝

（ほんちょうにじゅうしこう）

「翼が欲しい、
羽根が欲しい、
飛んで行きたい、
知らせたい」

お姫様の役を赤地の衣裳をつけることから赤姫と呼び、
その赤姫の中でも三つの代表的な大役を三姫という。
廿四孝の「八重垣姫」金閣寺の「雪姫」鎌倉三代記の「時姫」

●恋のため奇跡をおこす三姫の一人

あらすじ

武田家家宝の兜を上杉家が返さず、両家は不仲だった。「足利義晴」の仲介で「上杉謙信」の娘「八重垣姫」と「武田信玄」の息子「武田四郎勝頼」との縁組が決まる。しかし義晴が暗殺され両家に疑いが掛けられる。信玄は勝頼を切腹させるが、切腹したのは偽者で、勝頼は「花作り蓑作」として「腰元濡衣」と上杉家に入り兜を取り戻す機会を窺う。上杉家では、八重垣姫が勝頼の

八重垣姫

yaegakihime

（やえがきひめ）

上杉謙信の娘。
武田勝頼の許嫁

勝頼に危急を
知らせたい切なる思い

死を悲しみ、十種香を焚いて供養。そこへ勝頼とそっくりの蓑作が現れたため、濡衣に蓑作との仲を取り持つように頼む。濡衣が見返りに兜を盗み出すよう頼んだ為、蓑作の正体を姫が知る。そこに謙信が登場し、蓑作を使いに出して追っ手に殺させようとする。制止を聞き入れられなかった姫は、勝頼の無事を祈って兜を手に。すると狐火と共に、狐が兜に乗り移り、霊力で諏訪湖を渡って勝頼を追う。

天竺徳兵衛（てんじくとくべえ）

tenjikutokubee

天竺徳兵衛韓噺（てんじくとくべえいこくばなし）

「釈迦像の背の高さが十三里、小ゆびの長さが八〇間」

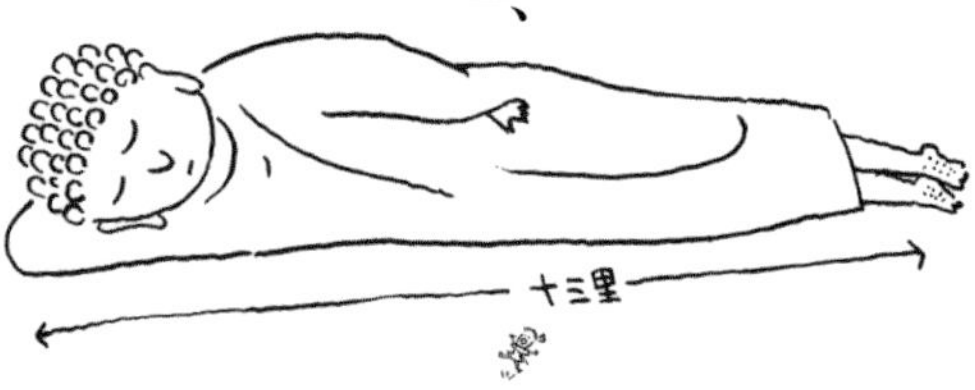

天竺徳兵衛（てんじくとくべえ）

tenjikutokubee

父の遺志を継ぎ、足利幕府転覆の野望を持つ

● 宗観に語った天竺でのほら話

あらすじ

天竺（インド）帰りの船頭「天竺徳兵衛」は「吉岡宗観」の屋敷に呼ばれ異国の体験を語る。徳兵衛は宗観から実子「大日丸」であると打ち明けられ、蝦蟇（がま）の妖術の秘宝を授かる。宝刀、銘鏡を息子に譲り宗観は謀叛の罪で切腹する。捕り手が押し寄せた時、徳兵衛は秘伝の妖術を使って宗観の首をさらい姿を消した。「梅津掃部（かもん）」の屋敷へ呼ばれた「座頭徳一」の正体は、

仕掛けが盛りだくさんの「ケレン」が冴える

うそ八百を
まくしたてる
「釈迦像の背の高さが十三里
小ゆびの長さが八〇間」

日本国を滅ぼそうとする徳兵衛だった。それを「細川政元」に見破られると庭前の池に消えて、入れ違いに上使「斯波義照」となって現れるが、掃部の側室「葛城」の色仕掛けで再び正体を見破られる。葛城の生き血を浴びた徳兵衛は、蝦蟇の妖術も破られる。

巨大な蝦蟇の立廻りと徳兵衛の「大見得」。歌舞伎や浄瑠璃で、早替わり・宙乗り・仕掛け物など、見た目本位の奇抜さをねらった演出「ケレン」の芸が堪能できる。

熊谷陣屋（くまがいじんや）

kumagaijinya

一谷嫩軍記（いちのたにふたばぐんき）

熊谷次郎直実（くまがいじろうなおざね）

kumagaijirounaozane

忠義のため敦盛のかわりに我が子の首をさしだす苦悩の武将

● 十六歳の息子を殺した熊谷の心の叫び

あらすじ

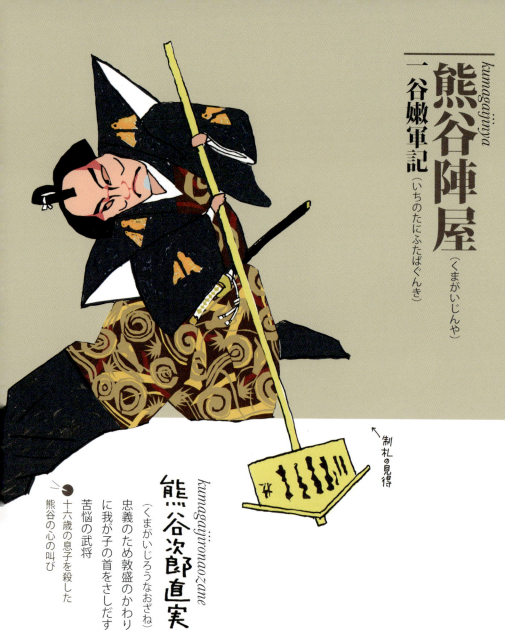

十六年前、「熊谷次郎直実」と妻「相模」は御所で許しを得ずに結ばれ、「平敦盛」の母「藤の方」の嘆願で命が助かり武蔵国へ下って今日の身分となる。同じ年に相模は「小次郎直家」を、藤の方は敦盛を生んだ。源平合戦、一の谷の戦いの前に「源義経」は直実に一枚の制札（立て札）を与える。それには花の「一枝を伐らば一指を剪るべし」と書かれ、敦盛の身替わりを暗示し

「ああ十六年はひと昔。夢だ、夢だ」

●息子を犠牲にした熊谷の「制札の見得」

ていた。

源氏方の陣屋を相模と藤の方が訪ねる。そこへ敦盛の首を討ち取って戻ってきた直実。藤の方に敦盛（実は小次郎）の見事な最期を語り、首実検のため首を源義経へ差し出す。義経は敦盛の首と認め、相模は驚愕する。制札を手に、藤の方と相模の嘆き悲しみをおさめようとする「制札の見得」は、芝居の見どころ。息子を犠牲にした熊谷は、戦のむなしさを悟り、出家をする。

楼門（さんもん）

sanmon

楼門五三桐（さんもんごさんのきり）

石川五右衛門（いしかわごえもん）

ishikawagoemon

大盗賊、大明国の宋蘇卿の遺児。白鷹で連絡している

南禅寺楼門の上から都を一望して言う台詞

あらすじ

石川五右衛門の伝説を描いた狂言の一つ。全五幕ある「金門（のちに楼門）五三桐」のうちの二幕目の返し。

場所は、桜が咲き誇る京都南禅寺の山門。そこで一人の男が花を眺めている。男は、近頃、都の人を脅かしている大盗賊「石川五右衛門」。桜に見惚れている五右衛門のところに、白斑（しらふ）の鷹が飛んでくる。鷹の足には血染めの遺書が結わえられている。「真柴久吉」に

絶景かな

「絶景かな、絶景かな、春の眺めが
値千金とは小さなたとえ
この五右衛門が目からは万両。
もはや日も西に傾き、
誠に春の夕暮の桜は、
一入(ひとしお)一入(ひとしお)」

真柴久吉
mashibahisakichi
（ましばひさきち）
五右衛門の敵。巡礼姿の密偵。［天地の見得］

手裏剣
セリ上り
これはすごい、豪華な京都南禅寺の山門が
せり上って久吉が現れ 楼門の上の
五右衛門が投げた手裏剣を柄杓(ひしゃく)で受け止める、
まさに時は春、桜満開の中の飛び出す絵本。

滅ぼされた「此村大炊助(このむらおおいのすけ)」、実は大明国の「宋蘇卿(そうそけい)」の遺書であり、この遺書から、五右衛門は実は宋蘇卿の遺児であることがわかる。これを知った五右衛門は、父の敵、久吉を討つことを決心する。

その時、山門の下から一人の男の声が聞こえてきた。「石川や浜の真砂はつきるとも、世に盗人の種はつきまじ」。それは、巡礼姿の真柴久吉であった。睨み合う二人の男に桜の花が散る――。

石切梶原（いしきりかじわら）

ishikirikajiwara

梶原平三誉石切（かじわらへいぞうほまれのいしきり）

「斬れ味も確かめぬうちに
そんな大金がだせるか」

俣野五郎景久（またのごろうかげひさ）

matanogorokagehisa

平家方の悪役

●名刀の証明を見せろと詰め寄るいじわるな台詞

あらすじ

「源頼朝」が石橋山の戦いで敗北し行方知れずとなった鎌倉が舞台。鶴岡八幡宮に「大庭景親」「俣野五郎」兄弟が参詣していると、「梶原景時」がやってくる。

そこに螺鈿細工職人の老人「六郎太夫」と娘「梢」が大庭に刀を売りに来ると、景親は刀剣の目利きである景時に鑑定を頼む。一目見て名刀であると察した景時だが、五郎は人間二人を重ね斬りにする“二つ胴”で斬れ味を

カッコ良くて、すべてに目利きの人

梶原　「剣も剣」
太郎太夫「切り手も　切り手」
観客　「役者も　役者」

↗江戸時代の観客は役者のセリフに参加したようです。

梶原平三景時
kajiwaraheizokagetoki
（かじわらへいぞうかげとき）
好青年で情けある立役［さばき役］

確かめようと提案する。生憎、死罪が決まっている罪人は一人のみ。六郎太夫は自ら試斬の実験台になろうとする。わざと斬り損じて六郎太夫の命を助けた景時。大庭兄弟が嘲笑しながら帰った後、景時は刀の銘から六郎太夫の父娘が源氏ゆかりの者だと気付いたこと、先の石橋山の戦いで頼朝を救ったことを告げる。驚く父娘の前で、景時は石の手水鉢を刀で斬り、真に名刀であることを証明してみせるのだった。

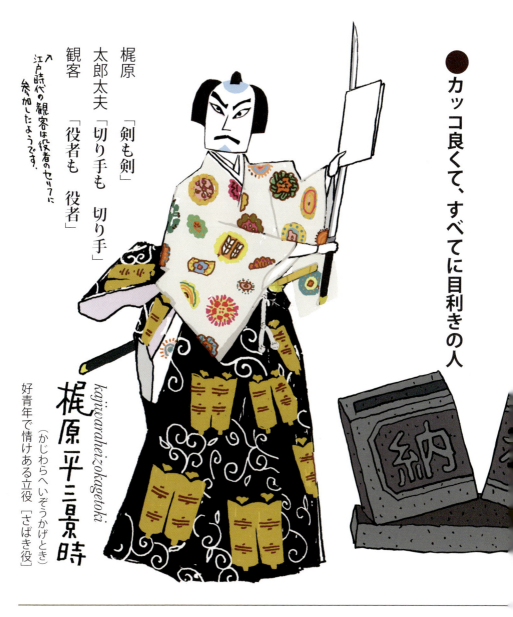

一条大蔵譚
（いちじょうおおくらものがたり）
ichijookuramonogatari

鬼一法眼三略巻
（きいちほうげんさんりゃくのまき）

一条大蔵卿
（いちじょうおおくらきょう）
ichijookurakyo

源氏の家柄ながら、いまは公家。
源氏の再興を祈っている

自分の本心を義経に伝えてよと以心伝心で言う台詞

あらすじ

保元平治の乱の後、源氏は勢力を失い、平氏の栄華が始まった頃のこと。「一条大蔵卿」は、狂言や舞にうつつをぬかし、阿呆で有名だった。

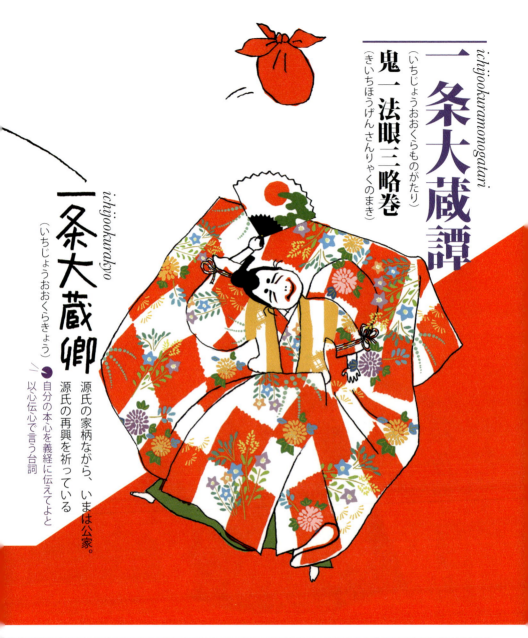

源氏の旧臣「吉岡鬼次郎」とその妻「お京」は、大蔵卿に嫁いだ亡き「源義朝」の妻「常盤御前」の心を探りたかった。お京は、女狂言師として大蔵卿に召し抱えられ、鬼次郎はお京の手引きで一条邸に忍び込む。常盤が日夜楊弓で遊んで

能ある大蔵卿は、阿呆を演じて世をあざむく

「我がことばを守り、牛若とやらに伝えてくれよ、こりゃ鬼次郎」

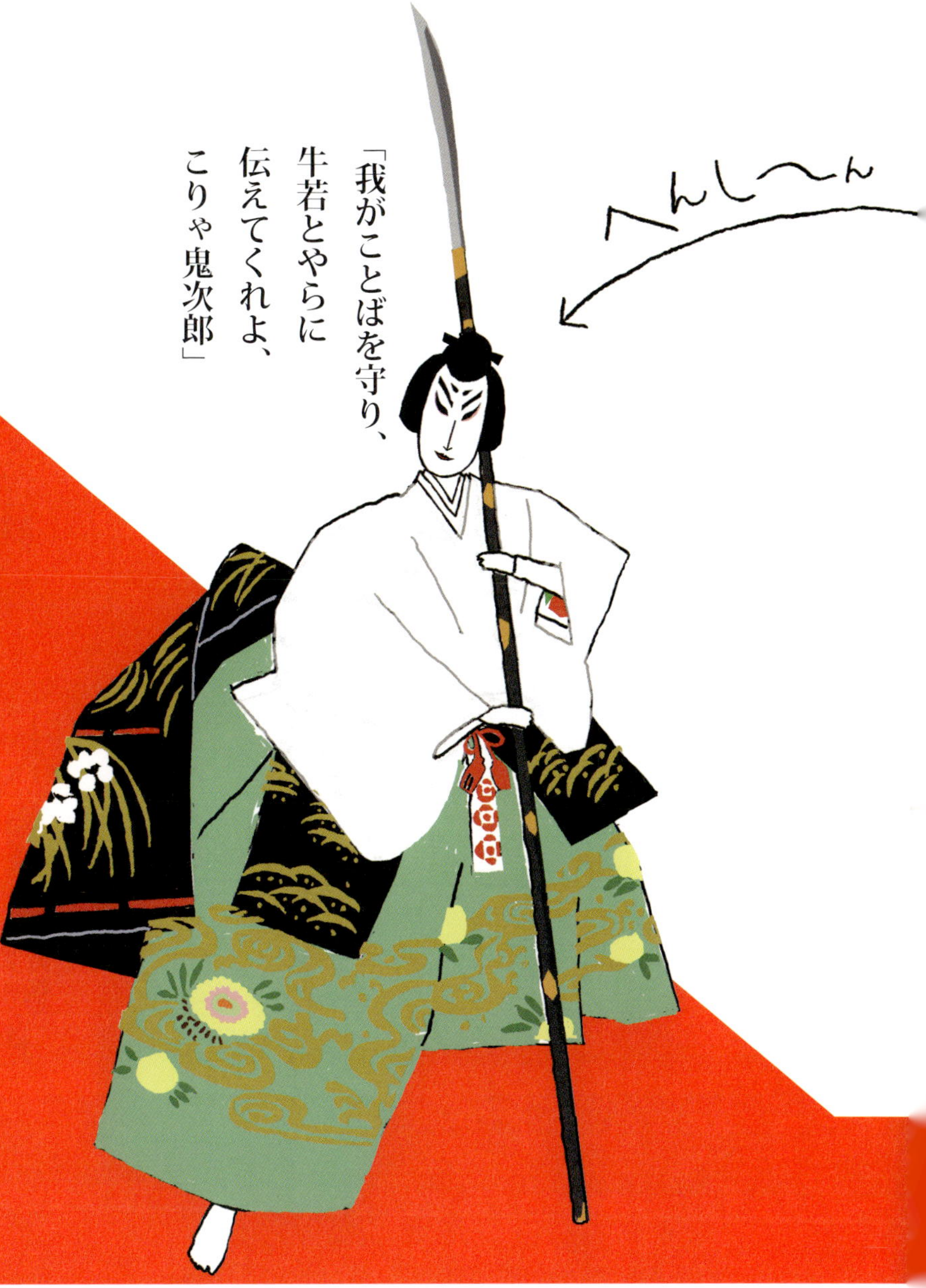

いると知った鬼次郎が、怒って居間へ踏み込むと、常盤は楊弓の的に清盛の絵を入れて、遊びとみせかけ平家調伏を祈っていたのだった。平家とそのスパイである「八剣（やつるぎ）勘解由（かげゆ）」を欺くために、わざと大蔵卿も阿呆の振りをしていた。大蔵卿も元は源氏と本心を明かす。鬼次郎夫婦は、一条夫妻の真意を「牛若丸」に伝えるため屋敷を出る。そして大蔵卿は再び阿呆な振りの生活に戻るのだった。

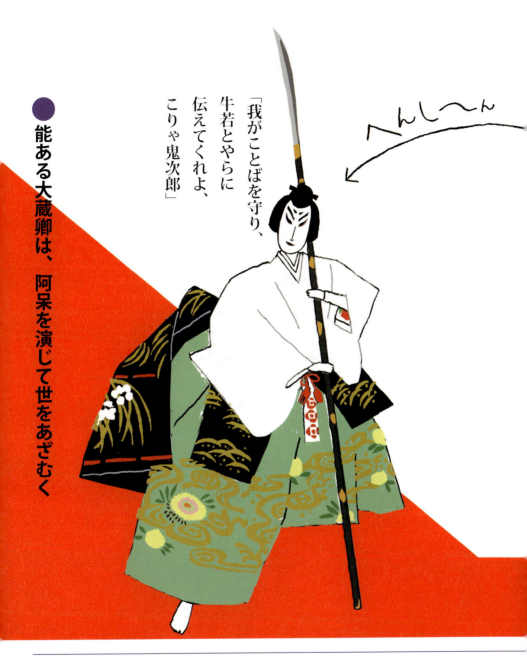

実盛物語

（さねもりものがたり）

sanemorimonogatari

源平布引滝

（げんぺいぬのびきのたき）

木曽義賢

（きそよしかた）

kisoyoshikata

源義朝の弟。源氏再興の執念を燃やす

● 折平が実は源氏の武将多田行綱本人であることを見抜いて言う台詞

あらすじ

『平家物語』や『源平盛衰記』から脚色された全五段のうち二段目の「義賢最期」と三段目の「実盛物語」がよくかかるようになった。「平清盛」に討たれた「源義朝」の弟「木曽先生（せんじょう）義賢」は、義朝の死後、平家方に味方し、帝から源氏の象徴白旗を賜る。義賢の下部（しもべ）「折平」の妻「小萬」は、父の「九郎助」と一子「太郎吉」と共に義賢へ折平の暇を願いでる。折平の正体が、源氏の武士「多田蔵

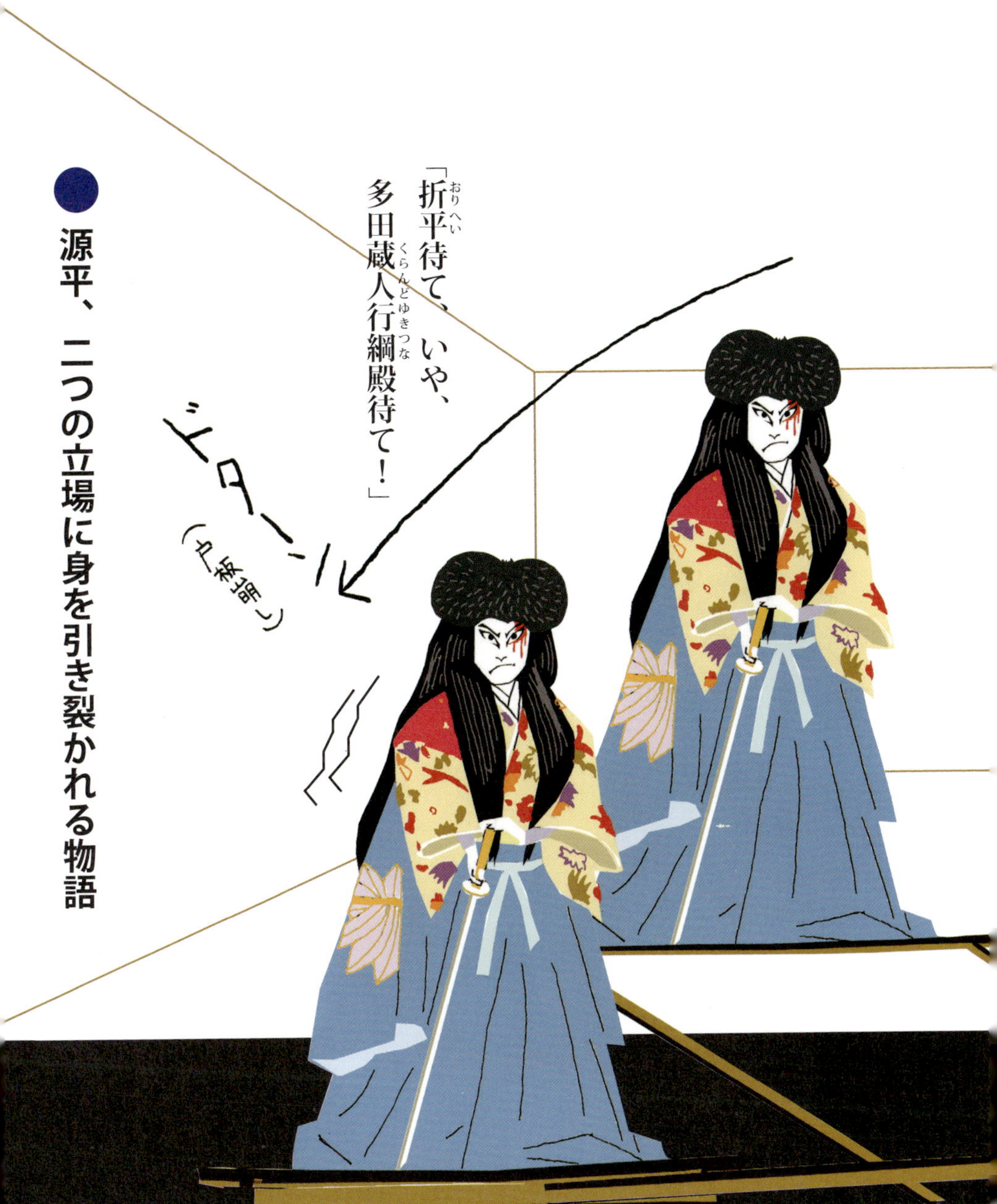

人行綱」と見破った義賢は、源氏再興の志を明かした。

そこに義朝を裏切って密告した「長田太郎」が清盛の使者として訪れる。清盛の命令は、義賢に兄義朝の頭蓋骨を踏んで平家への忠誠を誓わせることだった。それが出来ない為平家への叛意を見咎められた義賢は長田を殺す。迫り来る平家の軍勢。義賢は後事を折平に、懐妊中の「葵御前」を九郎助に、白旗を小萬に託して討死にする。

源平、二つの立場に身を引き裂かれる物語

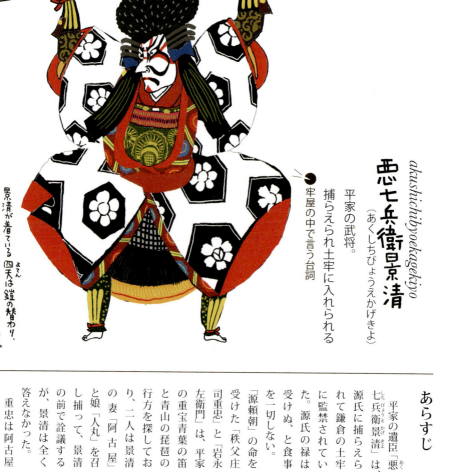

景清
kagekiyo
（かげきよ）

「敵から
もらったものは
食べたくないわ」

牢屋の柱
景清が着ている四天は鎧の替わり。「唐織四天」「伊達四天」等がある。

悪七兵衛景清
akushichibyoekagekiyo
（あくしちびょうえかげきよ）

平家の武将。
捕らえられ土牢に入れられる

● 牢屋の中で言う台詞

あらすじ

平家の遺臣「悪七兵衛景清」は、源氏に捕らえられて鎌倉の土牢に監禁されていた。源氏の禄は受けぬ、と食事を一切しない。

「源頼朝」の命を受けた「秩父庄司重忠」と「岩永左衛門」は、平家の重宝青葉の笛と青山の琵琶の行方を探しており、二人は景清の妻「阿古屋」と娘「人丸」を召し捕って、景清の前で詮議するが、景清は全く答えなかった。

重忠は阿古屋に三曲（三味線・

●堪忍袋の緒が切れた、暴れてやる

箏・胡弓)を弾くように命じ、その音色によって彼女の心中を推し量ろうと目論む。こうして重忠は笛と琵琶の行方を知ることができた。さらに人丸が責められるのを見た景清は怒り狂い、牢を押し破って「平敦盛」の子「保童丸」を助け出す。重忠の情によって見逃された景清は、再会を誓って去って行った。

　歌舞伎十八番の一つで、景清が「大百日」の鬘(かつら)に「筋隈」の隈取で、見せる「荒事」が魅力的。

弁慶上使（べんけいじょうし）

benkeijoshi

御所桜堀川夜討（ごしょざくらほりかわようち）

武蔵坊弁慶（むさしぼうべんけい）

musashibobenkei

義経の家来

あらすじ

「源義経」が平家一門の娘「卿の君」を妻にしたことから、兄「源頼朝」は義経に謀反の疑いをかける。頼朝の家臣「梶原景時」は「武蔵坊弁慶」に卿の君を討てと命令。弁慶は卿の君が懐妊したために預けられている「侍従太郎」の館へと赴いた。

　侍従太郎は腰元「信夫（しのぶ）」を身替わりにしようとしたが、信夫の母「おわさ」は「この子は十七年前、名も知らぬ男と契って

●鬼の弁慶が大泣きしながら語る芝居はまるでギリシャ悲劇

生まれた子で、父と対面させるまでは許してくれ」と言う。その時、弁慶が現れて信夫を斬殺。実は弁慶こそおわさと契った男で、生涯にたった一度の恋であった。我が子を殺した悲しみに泣く弁慶。侍従太郎も腹を切り、首を二つ差し出せば、頼朝も偽者とは思うまいと言い残して弁慶に首を討たせる。弁慶は二つの首を抱え涙ながらに鎌倉へ向かう。「隈取」を施した荒事風の弁慶が、一度の恋を語るのが見どころ。

助六（すけろく）
sukeroku

助六由縁江戸桜（すけろくゆかりのえどざくら）

髭の意休（ひげのいきゅう）
higenoikyu

御大尽

あらすじ

魚河岸、芝居町と並んで「一日に千両の金が落ちる」と言われるほど賑わった吉原遊郭が舞台。最高級の遊女花魁の「揚巻（あげまき）」の恋人「助六」は、実は「曾我五郎」という源氏の武士で、宝刀友切丸（ともきりまる）を探すために吉原に出入りしている。道行く男たちに手あたり次第喧嘩をふっかけるのは、相手が刀を抜くように仕向けて友切丸を探すためだ。

吉原で豪遊する「髭（ひげ）の意休（いきゅう）」という老人が揚

花川戸助六

hanakawadosukeroku

（はなかわどすけろく）

江戸一番のいい男。
実は曽我五郎

● 喧嘩をふっかける時自慢げに言う台詞

「俺の名を手の平に書いて舐めろ、一生女郎に振られることがねえ」

花の盛りの江戸吉原、粋な江戸っ子の男ぶり

巻に入れあげているが、揚巻は意休のことなど眼中にない。意休は助六を盗人呼ばわりして悪口を並べ立て、初めは聞き流していた揚巻も堪忍袋の緒が切れて、意休に悪態をつく。そこへ颯爽と助六が登場。啖呵を切って意休に喧嘩をふっかけ、刀を抜かせようとするが、意休はなかなか刀を抜こうとしない。意休も実は平家の残党で、助六が曾我五郎だと見抜いていたのだ。一瞬の隙をつき、助六は友切丸を取り戻す。

「お前と助六さん、こう並べてみたところが、こちらは立派な男ぶり。こちらは意地の悪そうな。間夫がなければ女郎は闇。暗がりで見てもお前と助六さん、取り違えてよいものかいなあ」

揚巻（あげまき）

agemaki

三浦屋の傾城、花魁。気っぷの良さで助六をかばう。衣装は七夕など五節句にあわせ5回かえる

● しつこい意休に悪態をついた時の台詞

七夕の時はこんな飾り

朝顔仙平

asagaosenbei

（あさがおせんべい）

意休の子分、朝顔尽くしの道化、「朝顔せんべい」のキャラクター

白酒売り

shirozakeuri

白酒売りに扮した兄の十郎。喧嘩ばかりの弟を諫めにくるが本心を知る

毛抜（けぬき）

kenuki

雷神不動北山桜（なるかみふどうきたやまざくら）

粂寺弾正（くめでらだんじょう）

kumederadanjo

文屋豊秀の家臣

あらすじ

「雷神不動北山桜」の三幕目「小野春道館（おののはるみちやかた）」が独立したもの。朝廷では、干ばつから民を救うために、小野家の家宝、小野小町の短冊を用いて雨乞いをすることになった。勅使が「小野左衛門春道」の館に向かったが、短冊はすでに何者かに盗まれていた。

　小野家の姫「錦の前」は、「文屋豊秀」と婚約したが、原因不明の病気を理由に祝言を延ばしている。その様子

踊りだす毛抜きの謎を解く

まさにシャーロックホームズが
解決しそうな物語
その時代不思議と思われた
磁力をトリックに使った荒事、
ダンディ男・粂寺弾正が謎を解く

を探るため、家臣の「粂寺弾正」が小野家に遣わされる。姫の病気は髪の毛が逆立つ奇病。弾正はその原因を探ることになる。

弾正は、主人を待つ間、暇つぶしに懐から毛抜きを取り出し髭を抜き、煙管を出して煙草を一服。すると毛抜きが立って踊り出す。一方煙管は踊らない。これにヒントを得た弾正は天井が怪しいとにらみ、槍で天井を突くと、大きな磁石を抱えた曲者が飛び降りてくる。

鯉つかみ（こいつかみ）

koitsukami

湧昇水鯉滝（わきのぼるみずにこいたき）

滝窓志賀之助（たきまどしがのすけ）

takimadoshiganosuke

釣家の小桜姫の恋人。琵琶湖にいる巨大な鯉と死闘の末に、紛失していた宝剣龍神丸も手に入れる

あらすじ

冒頭、近江国三上山に棲みつく大百足と、退治の勅を受けた「俵藤太秀郷（たわらのとうたひでさと）」との闘い。琵琶湖の守り神「雨宝童子」から授かった宝剣龍神丸で百足退治を成し遂げる。しかし、大百足の毒血が琵琶湖に流れ込み、琵琶湖の「鯉王」と皇子「金鯉」に祟をなし、俵藤太の末裔である釣家が鯉の精に悩まされることになる。

その後、釣家に受け継がれる重宝龍神丸を狙う関白家の陰謀

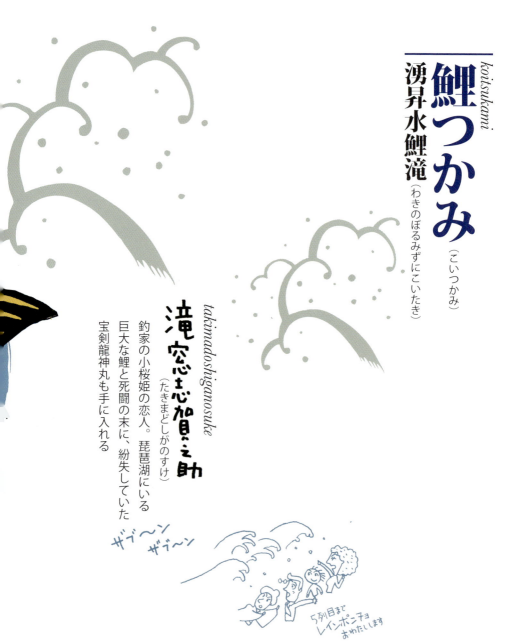

一人十二役の早替わりが見どころ！

に、釣家の家督をめぐる争いが絡み合う。釣家の「小桜姫」を亡き者にしようと企む一派と、それを助けようとする「滝窓志賀之助」が闘い、龍神丸の威徳により志賀之助に化けていた鯉の精の正体が暴かれる。そこに矢が放たれ、鯉の精に命中する。この矢を放った者こそ、本物の志賀之助。釣家安泰のため、志賀之助は水中に逃げた鯉の精を追い琵琶湖へ。そこに大鯉が現れ、大雨の中、志賀之助はついに鯉退治を成し遂げる。

外郎売
uirouri
（ういろううり）

曽我五郎
sogagoro
（そがのごろう）

神出鬼没の曽我兄弟。青年は父の仇討ちのため外郎売に仮装して大活躍

コマーシャルが入ってきた
この長台詞のことも「千字のツラネ」という。今は俳優等の滑舌のトレーニングに活用、毎年コンクールもある。
原田小
ういろう
妙薬透頂香(とうちんこう)
中国伝来の名薬
浅葱の頭巾
袖無し羽織
物売りのスタイル
親子二人で外郎売りになることもある
子の役名は「貴甘坊(きかんぼう)」

●外郎売りの啖呵に聞き惚れる

あらすじ

鎌倉。源頼朝の信任厚い「工藤左衛門祐経(くどうさえもんすけつね)」は、巻狩の総奉行に任ぜられ、大磯の廓で休息の陣を張ることに。そこへ「ういろう、ういろう」という売り声とともに、小田原名物の薬を売る外郎売がやってきた。一座の座興に、薬の効能として評判の早口の弁舌が聞きたいと呼び入れる。はじめは躊躇していたが「拙者親方と申しまするは……」と喋りはじめた。

拙者親方と申しまするは、お立合いのうちに御存知のお方もござりましょうが、お江戸を発って二十里上方、相州小田原一色町をお過ぎなされて、青物町を登りへおいでなさるれば、欄干橋虎屋藤衛門只今は剃髪致して、円斎と名乗りまする。

元朝より大晦日（おおつごもり）までお手に入れまするこの薬は、昔ちんの国の唐人外郎という人、わが朝へ来たり、帝へ参内の折から、この薬を深く篭めおき、用ゆる時は一粒ずつ、冠の隙間より取り出だす。依ってその名を帝より、「透頂香」（とうちんこう）と賜わる、即ち文字には、「頂き、透く、香（におい）」と書いて、「とうちんこう」と申す。

只今はこの薬、殊の外世上にひろまり、方々に似看板を出だし、イヤ、小田原の、灰俵の、さん俵の、炭俵のと、色々に申せども、ひらがなをもって「うゐろう」と記せしは親方円斎ばかり。もしやお立合の内に、熱海か塔ノ沢へ湯治にお出でなさるるか、又は伊勢ご参宮の折からは、必ず門違いなされまするな。お登りならば右の方、お下くだりなれば左側、八方が八つ棟、表が三棟玉堂造、破風には菊に桐のとうの御紋を御赦免あって、系図正しき薬でござる。

イヤ最前より家名の自慢ばかり申しても、御存知ない方には、正身の胡椒の丸呑み、白河夜船、さらば一粒食べかけて、その気味合いをお目にかけましょう。先ずこの薬をかように一粒舌の上にのせまして、腹内へ納めまするると、イヤどうも云えぬは、胃・心・肺・肝がすこやかになりて、薫風喉より来たり、口中微涼を生ずるがごとし。魚鳥・茸・麺類の喰合せ、その他、万病速効ある事神の如し、さて、この薬、第一の奇妙には、舌のまわることが、銭独楽がはだしで逃げる。ひょっと舌がまわり出すと、矢も盾もたまらぬじゃ。そりゃそりゃ、そらそりゃ、まわってきたわ、まわってくるわ。アワヤ喉、サタラナ舌に、カ牙サ歯音、ハマの二つは唇の軽重、開合さわやかに、アカサタナハマヤラワ、オコソトノホモヨロヲ、一つへぎへぎに、へぎほしはじかみ、盆まめ・盆米・盆ごぼう・摘蓼・つみ豆、つみ山椒、書写山の社僧正。粉米のなまがみ、粉米のなまがみ、こん粉米の小生がみ、繻子・ひじゅす・繻子・繻珍。親も嘉兵衛、子も嘉兵衛、親嘉兵衛子嘉兵衛、子嘉兵衛親嘉兵衛、古栗の木の古切口。雨合羽か、番合羽か、貴様の脚絆も皮脚絆、我等が脚絆も皮脚絆、尻革袴のしっ綻びを、三針なかにちょと縫うて、縫うてちょとぶんだせ、河原撫子、野石竹。野良如来、野良如来、三野良如来に六野良如来。一寸先のお小仏におけつまづきゃるな、細溝にどじょにょろり。

京の生鱈奈良なま学鰹、ちょと四五貫目、お茶立ちよ、茶立ちよ、ちゃっと立ちよ茶立ちよ、青竹茶筅でお茶ちゃと立ちや。

来るは来るは何が来る、高野の山のおこけら小僧。狸百匹、箸百膳、天目百杯、棒八百本。武具・馬具・武具・馬具・三武具馬具・合せて武具・馬具・六武具馬具、菊・栗・菊・栗・三菊栗、合せて菊栗六菊栗。麦・ごみ・麦ごみ・三麦ごみ・合せて麦・ごみ・六麦ごみ。あの長押の長薙刀は、誰が長薙刀ぞ。向こうの胡麻がらは、荏の胡麻がらか。真胡麻がらか、あれこそほんの真胡麻殻。がらぴいがらぴい風車、おきゃがれこぼし、おきゃがれ小法師、ゆんべもこぼして又こぼした。たあぷぽぽ、たあぷぽぽ、ちりから、ちりから、つったっぽ、たっぽたっぽ一丁だこ、落ちたら煮て喰お、煮ても焼いても喰われぬ物は、五徳、鉄灸・かな熊童子に、石熊・石持・虎熊・虎きす・中にも、東寺の羅生門には、茨木童子がうで栗五合つかんでおむしゃる、かの頼光のひざ元去らず。鮒・きんかん・椎茸・定めて後だんな、そば切り、そうめん、うどんか、愚鈍な小新発知。小棚の、小下の、小桶に、小味噌が、こあるぞ、小杓子、こもって、こすくって、こよこせ、おっと、合点だ、心得たんぼの川崎、神奈川、程ヶ谷、戸塚は、走って行けば、やいとを摺りむく、三里ばかりか、藤沢、平塚、大磯がしや、小磯の宿を七つ起きして、早天早々、相州小田原透頂香、隠れござらぬ貴賤群衆の、花のお江戸の花うゐろう。あれあの花を見てお心を、おやわらぎゃという。産子・這ふ子に至るまで、此の外郎の御評判、御存じないとは申されまい。まいつぶり、角出せ、棒出せ、ぼうぼうまゆに、臼・杵・すりばち、ばちばちぐわらぐわらぐわらと、羽目を弛して今日お出でのいずれも様に、上げねばならぬ、売らねばならぬと、息せい引っぱり、東方世界の薬の元締、薬師如来も照覧あれと、ホホ敬まって、うゐろうは、いらっしゃりませぬか。

薬を飲んでも効果がない茶坊主に、薬が効くように「手を打とう」と言う外郎売だが、「うとう（討とう）」の言葉に反応して工藤に掴みかかろうとする。実は外郎売は父の仇、工藤を追う「曽我五郎」だった。十八年の間、兄の十郎とともに狙っていたのだ。工藤は自分の居所が示された狩場の絵図を五郎の前に投げ出す。工藤は、潔く兄弟に討たれるつもりだったのだ。工藤と五郎は、狩場での再会を約束して別れる。

象引
（ぞうひき）

zohiki

象を引き合う、引き寄せる。福を引き寄せるということで正月のめでたい出し物の一つ。「引合事」と言う。

大伴褐麿
（おおとものかつまろ）

otomonokatsumaro

策略家の勅使

あらすじ

武蔵国で関東守護職を務める豊島家では、嫡子「葵丸」の家督相続を許す綸旨を携えた勅使の下向を控えている。しかし、その時に必要な八雲の御鏡を怪しい獣に奪い取られてしまった。巷では、帝に献上された象の仕業ではないかという噂が広まる。

勅使「大伴褐麿」は、関東守護でありながら猛象の狼藉を野放しにする豊島家を責め、自分が象退治をする引き

象を引き合うとは豪気な

箕田源二猛
mitagenjitakeru
（みたげんじたける）
荒武者

象を殺そうとする時突然現れて言う台詞

換えに、豊島家の息女「弥生姫」の輿入れを強要する。すると、「箕田源二猛」という関東一の荒武者が現れ、姫は象を退治した方に嫁ぐこととなる。

　象を引き合う二人。そこに八雲の御鏡が出現し、象はおとなしくなる。これは、弥生姫の祈祷の力だった。二人は葵丸の仲裁を受け入れ、猛には豊島家の後見人として象が与えられる。かくして事は収まった。天下泰平を祝い、猛は象を連れて、勇ましくこの場を去っていく。

暫

shibaraku

（しばらく）

清原武衡

kiyoharanotakehira

（きよはらのたけひら）

悪の権力者、藍隈。邪悪な妖気を放つ不気味な存在。一番の悪は何も動かない、策略家

勧善懲悪の爽快なストーリー

四天王

shitenno

（してんのう）

清原の家来

入道震斎

nyudoshinsai

（にゅうどうしんさい）

男鯰。清原の家来

素襖（すおう）という

あらすじ

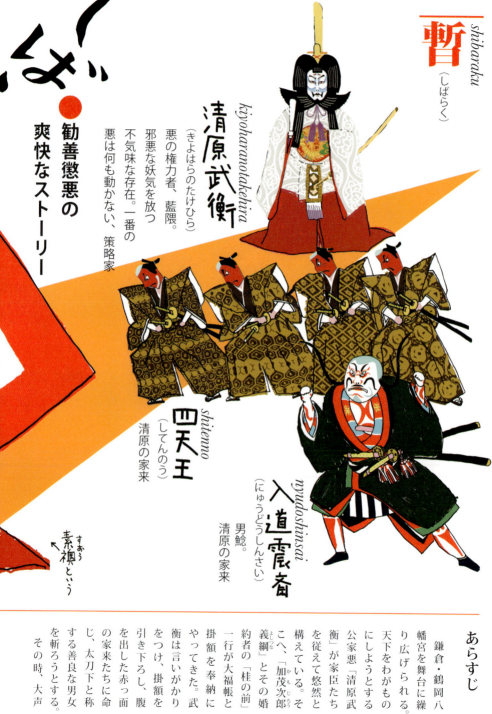

鎌倉・鶴岡八幡宮を舞台に繰り広げられる。天下をわがものにしようとする公家悪「清原武衡」が家臣たちを従えて悠然と構えている。そこへ、「加茂次郎（かもじろう）義綱（よしつな）」とその婚約者の「桂の前」一行が大福帳と掛額を奉納にやってきた。武衡は言いがかりをつけ、掛額を引き下ろし、腹を出した赤っ面の家来たちに命じ、太刀下と称する善良な男女を斬ろうとする。

その時、大声

「しばらく
しばらく」

困った時に突然「しばらく、しばらく〜く」といって現れ悪人共をバッタバッタと長い刀でやりこめて、六法を踏んで立ち去って行く。最強のカッコいいオジサン。

鎌倉権五郎景政（かまくらごんごろうかげまさ）

kamakuragongorokagemasa

歌舞伎界一番のスーパースター

加茂次郎義綱家来。

で「しばらく」と声を掛け、主人公である「鎌倉権五郎景政」が登場する。まるで凧を両腕に持ったような、巨大な衣装と、二メートル以上はある大太刀を差し現れる。ここで「つらね」と言われる長台詞を述べる。そして武衡を言い負かし、大太刀を抜いて、大勢の奴の首を斬っていく。善人を助けた権五郎は大太刀を肩に、「ヤットコトッチャウントコナ」の掛け声とともに意気揚々と引き揚げていく。

naritagoro
成田五郎
（なりたごろう）
清原の家来。赤ッ面。腹出しの親分

悪の権力者、清原の親衛隊メンバー。

haradashi
腹出し
悪方

nasunoimoutoteruha

那須妹照葉

（なすのいもうとてるは）

女鯰。

善人方のスパイ

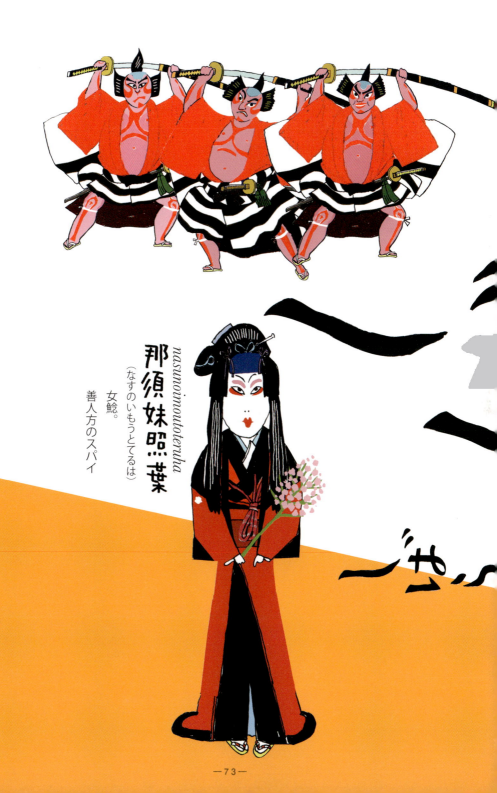

蘭平物狂（らんぺいものぐるい）

ranpeimonogurui

倭仮名在原系図（やまとがなありわらけいず）

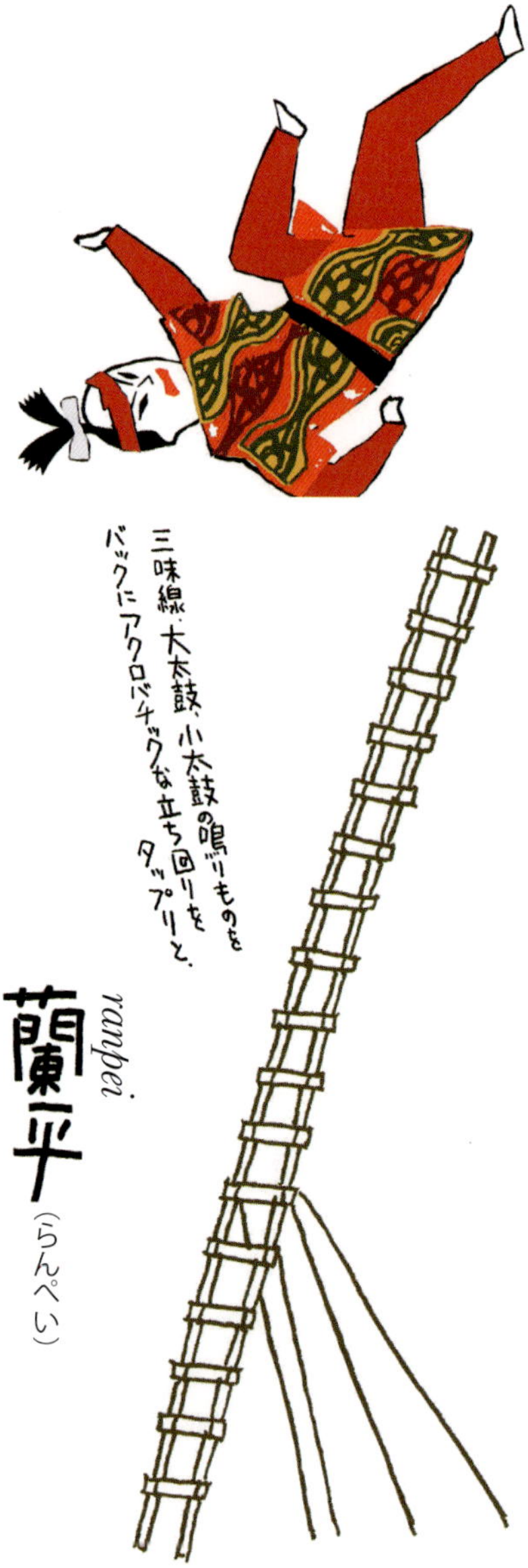

三味線、大太鼓、小太鼓の鳴りものをバックにアクロバチックな立ち回りをタップリと。

蘭平（らんぺい）

ranpei

行平の下郎。刀を見ると失神するのは策略

あらすじ

「在原行平」は勅勘を許され、須磨の浦から都へ戻る。しかし、須磨の恋人「松風」が忘れられず病気になってしまう。心配した奥方「水無瀬御前」の命で、奴の「蘭平」が松風に似た女性、「与茂作」の女房「おりく」を探して連れてくる。しかし、実は与茂作は、行平に滅ぼされた「伴実澄」の遺子「義澄」であり、行平を暗殺しようとして失敗する。

蘭平は、義澄詮議を命じられ、

復讐のための策略、見破られたか

刃物を見ると気が狂う奇病に。しかし、義澄が名剣天国（あまくに）を持っていたことから、虚病であり、実は義澄の兄「義雄」で、父の大望通り天下横領の計画があることを弟の義澄に告白する。

　ところが義澄と思った与茂作は、行平の家臣「大江音人（おおえのおとんど）」であり、伴実澄を見あらわす計略だったのだ。追い詰められた義雄は息子の「繁蔵」が音人の家臣として逮捕に来るので、奮戦するが、ついに繁蔵の縄にかかる。

聞いたか聞いたか
聞いたぞ聞いたぞ
黒雲坊・白雲坊は狂言廻し

鳴神（なるかみ）

narukami

雷神不動北山桜（なるかみふどうきたやまざくら）

油断大敵、女の色香に迷った堅物高僧の怒り

鳴神上人（なるかみしょうにん）

narukamishonin

朝廷に約束を破られた、堅物の高僧。雲の絶間姫に裏切られ雷になる

あらすじ

朝廷から戒壇（かいだん）（祈祷所）建立を条件に、男子出生の祈祷の命を受けた「鳴神上人」。しかし男子誕生にも関わらず、朝廷は戒壇建立の約束を果たさなかった。

それに立腹した鳴神上人は、雨を降らせる龍神を滝壺に封じ込め一滴の雨も降らせないようにした。困った朝廷は、美女の誉れ高い「雲の絶間姫」を上人の元へ送り込み女色で法力を破ろうとする。腹痛を装った姫を

「見ずもあらず、見もせぬ人の恋しさは、あやなく今日や眺め暮らさん」

kumonotaemahime

雲の絶間姫（くものたえまひめ）

朝廷から派遣された陰陽道に通じた才色兼備の美女スナイパー

● こんなこと言って鳴神上人を翻弄した

介抱しようと、初めて触れる女の柔肌に上人の欲望が爆発。姫に勧められた酒で、上人は眠ってしまう。その隙に姫は龍神を逃がし、たちまち雷鳴がとどろき大雨が降り出す。

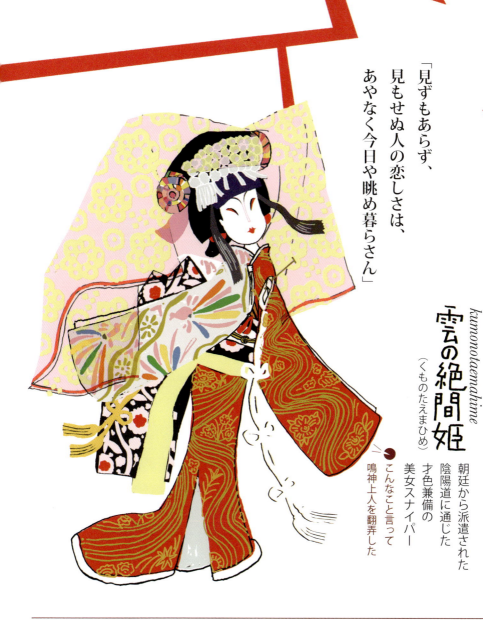

姫に騙された上人は怒り狂う。白無垢から火焔模様に衣装が変わる「ぶっ返り」や隈取や鬘（かつら）で怒りを表す。柱に絡みつく「柱巻きの見得」、不動明王に真似た「不動の見得」など、歌舞伎十八番の荒事芸にふさわしい見得を見せる。

矢の根（やのね）

yanone

●めでたや、武者人形がうごきだす

ヤットコッチャ　ウントコナァ

曽我五郎時致（そがのごろうときむね）

sogagorotokimune

曽我兄弟の弟。

●裸馬にまたがり鞭代わりの大根を振り上げ、十郎救出のため工藤館へ向かう時の台詞

矢を砥石で研ぐ

あらすじ

正月の相模国曽我の家。父の敵「工藤祐経（すけつね）」を討つことを願う「曽我五郎時致」が仁王襷の姿で自身よりも大きな矢の根（矢じり）を研いでいる。

正月の食膳を連ねて、七福神に悪態をつき、大薩摩という豪快な音楽と掛け合い芝居が進む。

そして「大薩摩主膳大夫」が年始の挨拶に来て、年玉に縁起物の末広（扇）と宝船の絵を置いて帰る。五郎は初夢でも見ようと枕にした砥

「ヤットコッチャ、ウントコナァ」

石の下に宝船の絵を敷いて寝る。すると夢枕に兄の「曽我十郎祐成」が現れ、祐経の館に捕らえられていると告げ、助けを求めて消えてしまう。

　五郎は跳ね起きるも兄の姿はない。身支度を整えると四方へ向かって見得を切り、十郎救出のために工藤館へ向かう。「桂巻の見得」「元禄見得」と荒事の基本的な見得が全て入っている様は、錦絵そのもので美しい。歌舞伎十八番の一つ、「荒事」によるめでたい祝祭劇。

勧進帳

kanjincho

（かんじんちょう）

「旅の衣は篠懸（すずかけ）の、旅の衣は篠懸の、露けき袖やしおるらん」

【山伏問答】

国に見えない鬼や亡霊は、どうやって退治するのか

九字真言をもってこれを切断せんになんの難ありや

九字真言とは何ぞや

臨兵闘者皆陣列在前（りんぴょうとうしゃかいじんれつざいぜん）でござる。

富樫左衛門

togashisaemon

（とがしさえもん）

関守。頼朝方であるが物わかりの良い人物。関所を通す

あらすじ

兄「源頼朝」から追われる身となった「源義経」は、安宅の関に差し掛かる。山伏姿の一行は、東大寺再建の為に寄付集め（勧進）の旅だと告げて関所を通ろうとするが、怪しむ「富樫左衛門」はそれならば勧進帳を読み上げろと言う。白紙の巻き物をあたかも勧進帳であるかのように朗々と読み上げる「弁慶」。だが、目ざとい番卒に強力（荷物持ち）が義経に似ていると気付かれてしまう。この危機

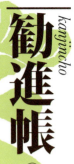

弁慶のかけひきは、男のかけひき

武蔵坊弁慶

musashibobenkei

（むさしぼうべんけい）

義経の家来

● 関守富樫に問い詰められての台詞

源義経

minamotonoyoshitsune

（みなもとのよしつね）

源氏の武将。

兄・頼朝に追われている

「観進帳」とは奈良大仏造営のための寄付帳です。

・映画では黒澤明の『虎の尾を踏む男達』があります。

を脱するため、弁慶は主人である義経を金剛杖でさんざんに叩き、命がけで疑念を晴らそうとする。富樫は義経一行だと見破りつつも、弁慶の心情を察し見逃してやる。

　関を抜けて休息をとる一行。涙ながらに無礼を侘びる弁慶だが、義経は彼の機転を褒めたたえる。そこへ富樫が来て無礼のお詫びにと酒をふるまう。快く杯を受けた弁慶。義経一行を先に出立させた後、自らも富樫に一礼してその後を追っていく。

八犬伝（はっけんでん）

hakkenden

南総里見八犬伝（なんそうさとみはっけんでん）

犬塚信乃（いぬづかしの）

inuzukashino

宝刀村雨丸の使い手。
孝の玉の持ち主

あらすじ

安房里見家の滅亡の折、からくも逃れた「伏姫（ふせひめ）」は、「八房（やつふさ）」という犬と契りを結び、子を授かる。鉄砲に撃たれ伏姫が命を落とす際、八つの玉（仁・義・礼・智・信・忠・孝・悌）が体内より飛び出した。

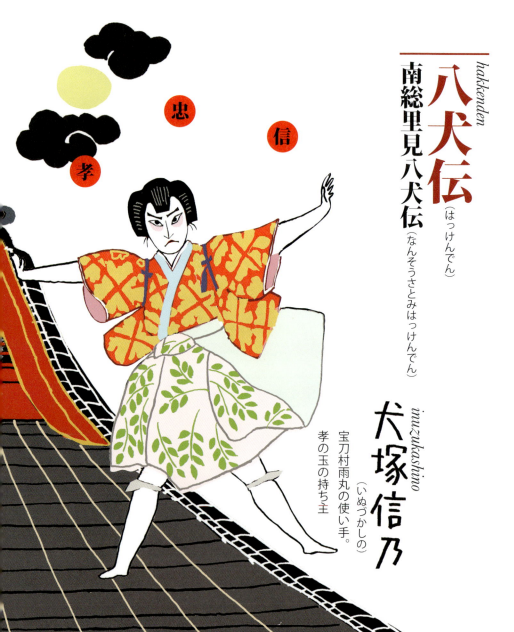

玉を持つ八犬士の一人、「犬塚信乃」は「蟇六（ひきろく）」夫婦の娘「浜路」と恋仲になるが、蟇六夫婦と「網干左母次郎」の企てによって浜路を殺されてしまう。蟇六から宝刀・村雨丸を手に入れた左母

八つの玉からうまれる八犬士

次郎だが、浜路の兄である八犬士「犬山道節」によって殺され奪われる。

里見家の仇「馬加大記」の館に忍び込んだ信乃。大記の手下となった八犬士「犬飼現八」との激闘の末、芳流閣の屋根から行徳川に落ち、「犬田小文吾」に助けられる。ここでは、目の前でセットが動き場面が転換する「がんどう返し」にも注目したい。

その後、「犬坂毛野」の手引きで、全員揃った八犬士は見事仇討ちを果たすのだった。

女性キャラの衣裳・髪型

傾城（けいせい）
最高位の遊女

姫
華やかな着物

娘
田舎娘、豪商の娘で中振袖が多い

公家の女房
豪華な衣装

長屋の女房
質素な着物

世話物

江戸時代の庶民の生き様を題材にした、
当時の"現代劇"。
浄瑠璃等からきている。

源氏店（げんじだな）

genjidana

与話情浮名横櫛（よわなさけうきなのよこぐし）

「しがねえ恋の情けが仇。命の綱の切れたのを、どう取り留めてか木更津から
めぐる月日も三年越し、江戸の親にゃあ勘当受け、よんどころなく鎌倉の、
切られの与三と異名を取り、押借り強請も習おうより、慣れた時代の源氏店、
そのしらばけか黒塀に、格子造りの囲いもの、
死んだと思ったお富とは、お釈迦さまでも気がつくめぇ」

お富（おとみ）
otomi
もと深川の芸者。木更津の赤間源左衛門の愛人

あらすじ

江戸の小間物商伊豆屋の若旦那「与三郎」は、自分が養子に来た後に生まれた「与五郎」に家督を継がせるために、わざと放蕩し、木更津の親戚、藍玉屋に預けられる。

ある春の日、木更津の浜で深川芸者の「お富」に出会い、互いに一目惚れ。だが、お富は土地の親分「赤間源左衛門」の妾であり、怒った源左衛門は与三郎を斬りさいなみ、藍玉屋へ売りつけた。お富は海へ身を

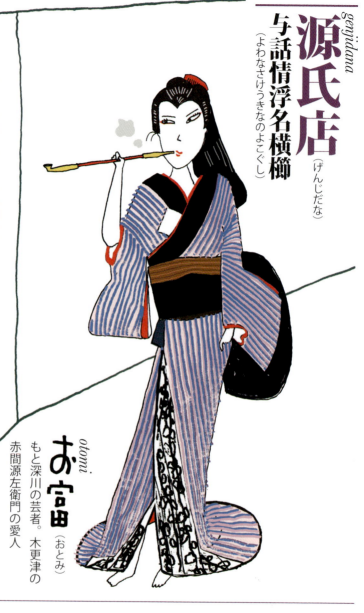

粋な黒塀、見越の松に～男と女、どっちもどっちの話

与三郎（よさぶろう）
yosaburo

江戸伊豆屋の若旦那

お富と再会した時の台詞

蝙蝠安（こうもりやす）
komoriyasu

頬に蝙蝠の刺青のならず者

投げたが、通りがかりの船に助けられる。

それから三年。与三郎は三四カ所の傷を売り物に「切られ与三」と言われて、仲間の「蝙蝠安」と共にゆすりをして暮らしている。ある時与三郎は源氏店で死んだと思っていたお富に巡り会い、「こんな身体になったのは誰のせいだ」と恨み言を言う。このあと二人は夫婦となり、波乱万丈の物語が続く。与三郎の恨み言「しがねえ恋の情けが仇」が名台詞として有名だ。

法界坊（ほうかいぼう）

hokaibo

隅田川続俤（すみだがわごにちのおもかげ）

「浅草龍泉寺のつり鐘の建立
え〜おこころざしを。
ございませぬか〜あ」

法界坊（ほうかいぼう）

hokaibo

金、女にも目がない堕落した生ぐさ坊主。
鐘の建立費と称して遊び金を集める

●鐘を引っ張って大川端を歩く時の台詞

あらすじ

朝廷から預かった鯉魚（りぎょ）の一軸を紛失した吉田家の子息「松若」は、お家再興をかけ「永楽屋権左衛門」の手代「要助」となり、その一軸を探している。権左衛門の娘「お組」は要助に惚れるが、一軸を「大坂屋源右衛門」が手に入れたことを知った権左衛門は、源右衛門がお組に惚れていることから、一軸と引き換えにお組と結婚させる約束をし、一軸を取り戻す。一方、「法界坊」

●凄みとユーモアのアンサンブル。ドタバタ人間喜劇

は、釣鐘建立のためと称し、金を集めているが、金欲しさから悪代官に頼まれ、一軸と松若を探している。法界坊もお組に惚れており、要助を縛り付け、権左衛門を殺し、要助を慕いやってきた許嫁の「野分姫」まで殺す。吉田家の旧臣「甚三」に要助とお組は救われ、法界坊は甚三の手にかかる。再び一軸は要助の元に戻った。だが、要助を慕う野分姫とお組に執着する法界坊の霊が合体し、二人の前に現れる。

四谷怪談（よつやかいだん）

yotsuyakaidan

東海道四谷怪談（とうかいどうよつやかいだん）

「蛇籠」という闇のシーンを表すだんまり（パントマイム）

直助権兵衛（なおすけごんべえ）

naosukegonbee

元塩冶家臣の下僕。お袖に横恋慕

「お前もよっぽど強悪だねえ」

あらすじ

「お岩」と離縁させられたことを逆恨みした「民谷伊右衛門」は、お岩の父を斬殺。時を同じく「直助権兵衛」はお岩の妹「お袖」に恋慕し、許嫁「与茂七」を闇討ちにするが、人違いで「奥田庄三郎」を殺す。姉妹は何食わぬ顔で戻ってきた伊右衛門と直助に騙され、それぞれ復縁と結婚の約束をする。

　産後の肥立ちが悪いお岩に愛想を尽かす伊右衛門。そこへ伊右衛門を孫娘「お

怨霊の祟り因果を世相を背景に凄まじくみせる

「首がとんでもうごいてみせるわ」

●間違って奥田庄三郎を殺した時の台詞

tamiyaiemon

民谷伊右衛門

（たみやいえもん）

塩冶家の浪人。ご用金を横領。お岩の夫。美青年でニヒルな悪［色悪］

satoyomoshichi

佐藤与茂七

（さとうよもしち）

お袖の夫。最後に仇を討つ

梅」の婿に迎えたい「伊藤喜兵衛」から見舞薬が届く（実は毒薬）。それを飲んだお岩は喜兵衛に恨みを残して死ぬ。伊右衛門は家伝の唐薬を盗んだ小者「小仏小平」を殺し、お岩と戸板の裏表に括り付け川に流す。その後、お梅と喜兵衛も惨殺し、喜兵衛の後家も堀に蹴落とす。そこへお岩と小平の死骸が括り付けられた戸板が漂着。お岩の祟りに悩まされる伊右衛門は、苦しみの果てに与茂七の刀にかかり絶命する。

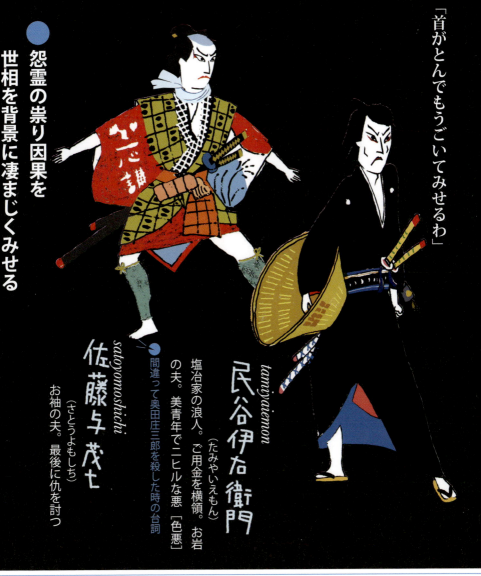

oiwa

お岩

（おいわ）

夫に親を殺され冷酷な仕打ちを受け、怨霊になり復讐する

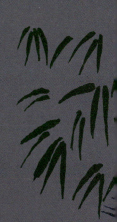

●変わりはてたこの姿、この顔。
亡霊はすべての人を怨念の世界に引き込む…

鞘当（さやあて）

sayaate

浮世柄比翼稲妻（うきよづかひよくのいなづま）

● 花の吉原、［荒事］と［和事］の競い合い

不破伴左衛門（ふわばんざえもん）

fuwabanzaemon

大名家の家来だが、今は旗本の稲妻組の闇大尽

あらすじ

桜咲く、新吉原仲之町。黒地に雲と稲妻の模様の羽織着流しに深編笠の浪人「不破伴左衛門」と、水浅黄地の雨と濡燕の模様の羽織着流しに深編笠の浪人「名古屋山三」。二人がすれ違った時、刀の鞘の鐺が当たった。武士の面目、このまま行きすぎるわけにはいかない。

実は二人は、上林の「葛城」という全盛の花魁のもとに通っていた。名古屋山三は蒲生氏郷の小姓。豊臣時

代の伝説の美男子で、葛城の情夫だ。不破伴左衛門は「豊臣秀次」の小姓でいかつい面魂、葛城の客である。二人が斬り合うとき、茶屋のおかみが現れ、争いを止める。

舞踊劇の一つ。元禄歌舞伎の古体を残した作品である。物語よりも、三人の役者の芸やせりふ廻しが見どころ。花道で繰り広げられる、不破と名古屋の渡りぜりふや「丹前六法」という特殊な足振りなど、この演目ならではの見どころが多数ある。

suzugamori

鈴ケ森（すずがもり）

浮世柄比翼稲妻（うきよづかひよくのいなづま）

banzuiinchobee

幡随院長兵衛（ばんずいいんちょうべえ）

江戸の侠客。後に旗本奴との争いで「幡随院長兵衛は男でござる」で名をはせる前の話

「お若えの、お待ちなさせえやし」

●鈴ケ森での出会いの台詞

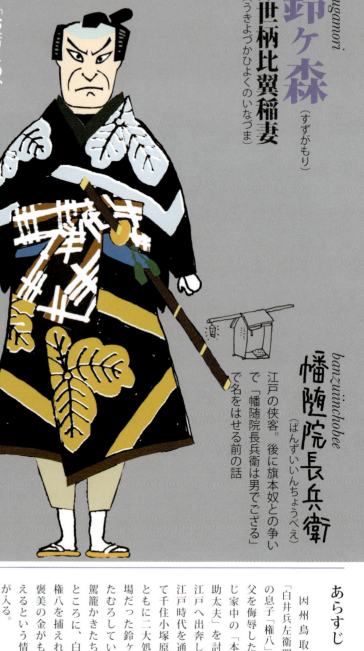

●薄暗い闇の中で侠客と美剣士の粋な出会い

あらすじ

因州鳥取の「白井兵左衛門」の息子「権八」は、父を侮辱した同じ家中の「本庄助太夫」を討ち江戸へ出奔した。江戸時代を通じて千住小塚原とともに二大処刑場だった鈴ケ森。たむろしている駕籠かきたちのところに、白井権八を捕えれば、褒美の金がもらえるという情報が入る。

そこを通りかかった権八は、群がる駕籠かきを斬り捨て追い散らす。その立ち回りの中に通

「待てとお止めなされしは、
拙者がことでござるかな」

白井権八（しらいごんぱち）

siraigonpachi

幡随院長兵衛の食客。
最期は鈴ヶ森で獄門になる

「雉も鳴かずば討たれまいに、
益なき殺生いたしてござる」

りかかった一丁の駕籠。そこには江戸花川戸の侠客「幡随院長兵衛」が乗っていた。長兵衛は、権八の身の上を知りつつ、その大胆さに惚れ込み、江戸での世話を引き受けるのであった。

大胆不敵な美少年、白井権八と、男の中の男一匹とうたわれた侠客幡随院長兵衛の鈴ヶ森での出会いの場面。美少年で大胆な権八の立ち回りや、権八の将来を暗示するような鈴ヶ森の刑場の出会いが見どころだ。

河内山（こうちやま）

kochiyama

天衣紛上野初花（くもにまごううえののはつはな）

河内山宗俊（こうちやまそうしゅん）

kochiyamasosyun

お数寄屋坊主のボス

● 正体を見破られ、北村大膳に啖呵を切る

あらすじ

質屋上州屋の娘「お藤（腰元名浪路）」は松江出雲守の御屋敷へ奉公に上がっていたところ、殿の妾になるよう迫られ困っていた。親元の上州屋では、江戸城の御数寄屋坊主（江戸城内で茶道をとりしきる幕府直属の役職）「河内山宗俊」に、金を渡して娘を助けてもらうよう依頼する。

弟分の「片岡直次郎」を供侍に仕立て、上野東叡山寛永寺のお使僧に化けた宗俊は、松江家

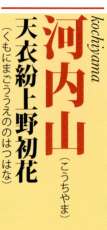

バカめ！

「悪に強きは善にもと、世のたとえにも言う通り、親の嘆き不憫さに、娘の命を助けようと、腹に企みの魂胆を練塀小路にかくれのねえ、御数寄屋坊主の宗俊が頭の丸いを幸いに、法衣でしがを忍ぶが岡」

●江戸の男の心意気（粋）

上屋敷に乗り込む。松江候を呼び出すと直談判して無事にお藤を取り戻したが、その帰りの玄関先で重役の「北村大膳」に正体を見破られる。開き直った宗俊は、俺をつき出せば、事の真相が明るみに出て松江二〇万石に傷がつくと脅して、無事に松江家を後にする。

皮肉な言い回しで松江候を追い詰めた穏やかな口調から一転して、帰り際の北村大膳に対し凄みをきかせて啖呵を切る宗俊が見どころだ。

籠釣瓶（かごつるべ）

kagotsurube

籠釣瓶花街酔醒（かごつるべさとのえいざめ）

yatsuhashi

八ツ橋（やつはし）

吉原一の花魁

あらすじ

上州佐野の絹商人「佐野次郎左衛門」は、真面目で純粋で堅物だったが、有名な花魁道中を見物しようと吉原へ行く。そこで評判高い花魁「八ツ橋」の道中に遭遇。美しい八ツ橋にすっかり魅了された次郎左衛門は、江戸に来る度に吉原へ通うようになる。

田舎者であばた面の次郎左衛門だが、気前がいい。次郎左衛門を客にした引手茶屋「立花屋長兵衛」は、八ツ橋との身請け

佐野次郎左衛門

sanojirozaemon

（さのじろざえもん）

上州佐野の豪商で真面目で堅物。あばた面の田舎者

●八ツ橋に愛想づかしされた悲痛の叫び

「おいらん、
そりゃあ、あんまり、
そでなかろうぜ…」

●不夜城吉原へ、これが悲劇の始まりとは…

話をすすめる。

そこへ八ツ橋の身元保証人「釣鐘権八」が、立花屋に金の無心に来たが断られ、腹いせに八ツ橋の情人「繁山栄之丞」に告げ口する。怒った栄之丞は八ツ橋に次郎左衛門との縁切りを迫った。そして八ツ橋は次郎左衛門に「愛想づかし」をする。

　身辺整理をして吉原を訪れた次郎左衛門は、平静を装うが、八ツ橋と二人になると名刀籠釣瓶で八ツ橋を斬り殺す。さらに駆け付けた人々も惨殺する。

osomenonanayaku

お染の七役

（おそめのななやく）

於染久松色読販

（おそめひさまつうきなのよみうり）

「もしもし、ゆすりがましい。
これ、身分はしがねえが、
ゆすりかたりをするような
わっちじゃねえよ」

あらすじ

浅草の質店油屋の道楽息子「多三郎」は、柳橋の芸者「小糸」を身請けしたく、質草である千葉家の宝刀午王義光（ごおうよしみつ）を金に換えるよう番頭の「善六」に依頼する。善六は油屋の娘「お染」と夫婦になって店を乗っ取ろうと目論んでいた。他方、お染は許嫁「お光」がいる油屋の丁稚「久松」と相思相愛の仲だが、継母「貞昌」が金のために他家へ嫁がせようとしている。千葉家の奥女

毒婦にも変わる七変化

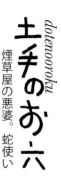

土手のお六
dotenooroku

煙草屋の悪婆。蛇使い

油屋に強請に来た時の台詞

中「竹川」は弟久松と共に刀の行方を探す。かつて竹川に仕えていた「お六」はその日暮らしの悪女だが、根は忠義者。悪党の「鬼門の喜兵衛」と油屋を強請ろうとして失敗。

そんな時、久松が蔵から午王義光を盗もうとした喜兵衛を殺してしまい、お染と心中を決心するが、お六の説得で思いとどまる。身分・性別・年齢など異なる七つの役、久松・小糸・貞昌・竹川・お六・お光・お染を一人の役者が「早替わり」で演じる。

三人吉三
sanninkichisa
（さんにんきちさ）

三人吉三廓初買
（さんにんきちさくるわのはつがい）

「女装のお嬢、
お流人のお坊、
兄貴分の和尚の吉三という
同じ名前の悪者が〜。
こいつぁ春から縁起が
いいわえ」

「だんまり」という演出は
暗闇の中で演じられる
という設定。

お坊吉三
obokichisa
（おぼうきちさ）

武家の生まれの盗賊

吉三、三人が初めて出会った時の台詞

あらすじ

夜鷹の「おとせ」は、客の「十三郎」が落とした金百両を大川端で出会った旅役者の女形「お嬢吉三」に襲われ、奪われる。「お坊吉三」がお嬢を呼び止め争うところへ、「和尚吉三」が通りかかる。

三人の吉三は、互いの血を飲んで義兄弟の契りを結び、百両は和尚吉三が貰う。和尚は父「土左衛門伝吉」に百両を渡すが、伝吉は不正な金と思い門口へ投げる。それを「釜屋武兵衛」が拾う

三人の盗賊の陰惨で猥雑な因縁を錦絵の様に

「月も朧（おぼろ）に白魚の篝（かがり）も霞む春の空、冷てえ風も微酔（ほろよい）に心持よくうかうかと、浮かれ烏（うかれがらす）のただ一羽塒（ねぐら）へ帰る川端（かわばた）で、棹（さお）の雫（しずく）か濡手で粟、思いがけなく手に入（い）る百両、「御厄（おんやく）払いましょか、厄落し（やくおとし）、という厄払いの声」ほんに今夜は節分か、西の海より川の中、落ちた夜鷹（よたか）は厄落し、豆沢山（まめだくさん）に一文の銭と違って金包み、こいつぁ春から縁起がいいわえ」

七五調の厄払いの台詞

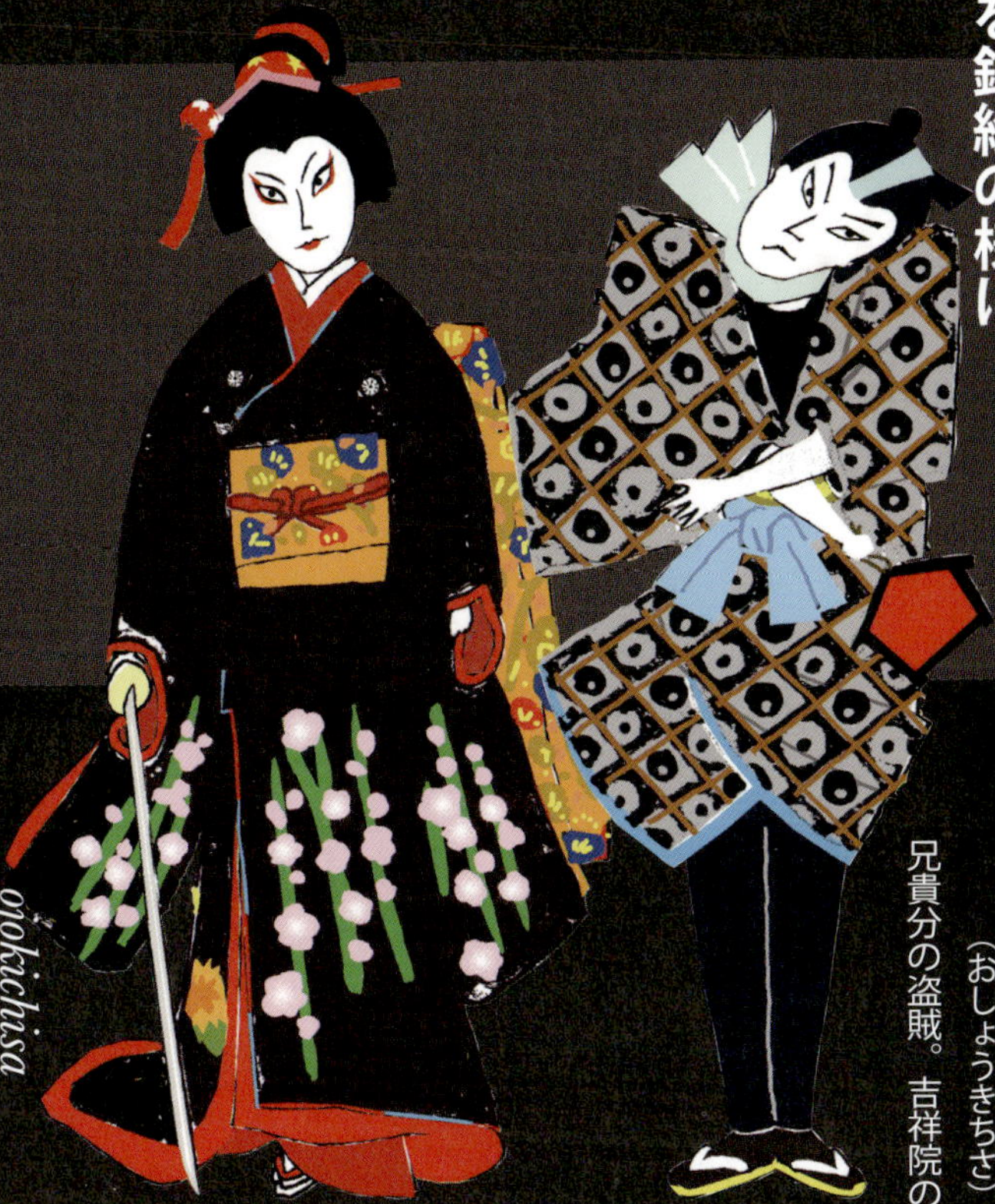

oshokichisa
和尚吉三
（おしょうきちさ）
兄貴分の盗賊。吉祥院の坊主

ojokichisa
お嬢吉三
（おじょうきちさ）
女装の旅役者姿の盗賊

が、お坊に奪われる。また武兵衛を追ってきた伝吉を殺してしまう。

お嬢は和尚の妹のおとせの金を奪ったのが事の発端と知り、お坊も和尚の父を殺してしまったことを悔い、和尚に義理立てして二人で死のうとする。他方、おとせの客十三郎は彼女の双子の兄であり、二人は畜生道に堕ちた事を知る。和尚はおとせと十三郎を殺し、お嬢とお坊の身代わりにして二人を逃がすが、最後は取り手に囲まれ三人は刺し違えて死ぬ。

吉田屋（よしだや）

yoshidaya

廓文章（くるわぶんしょう）

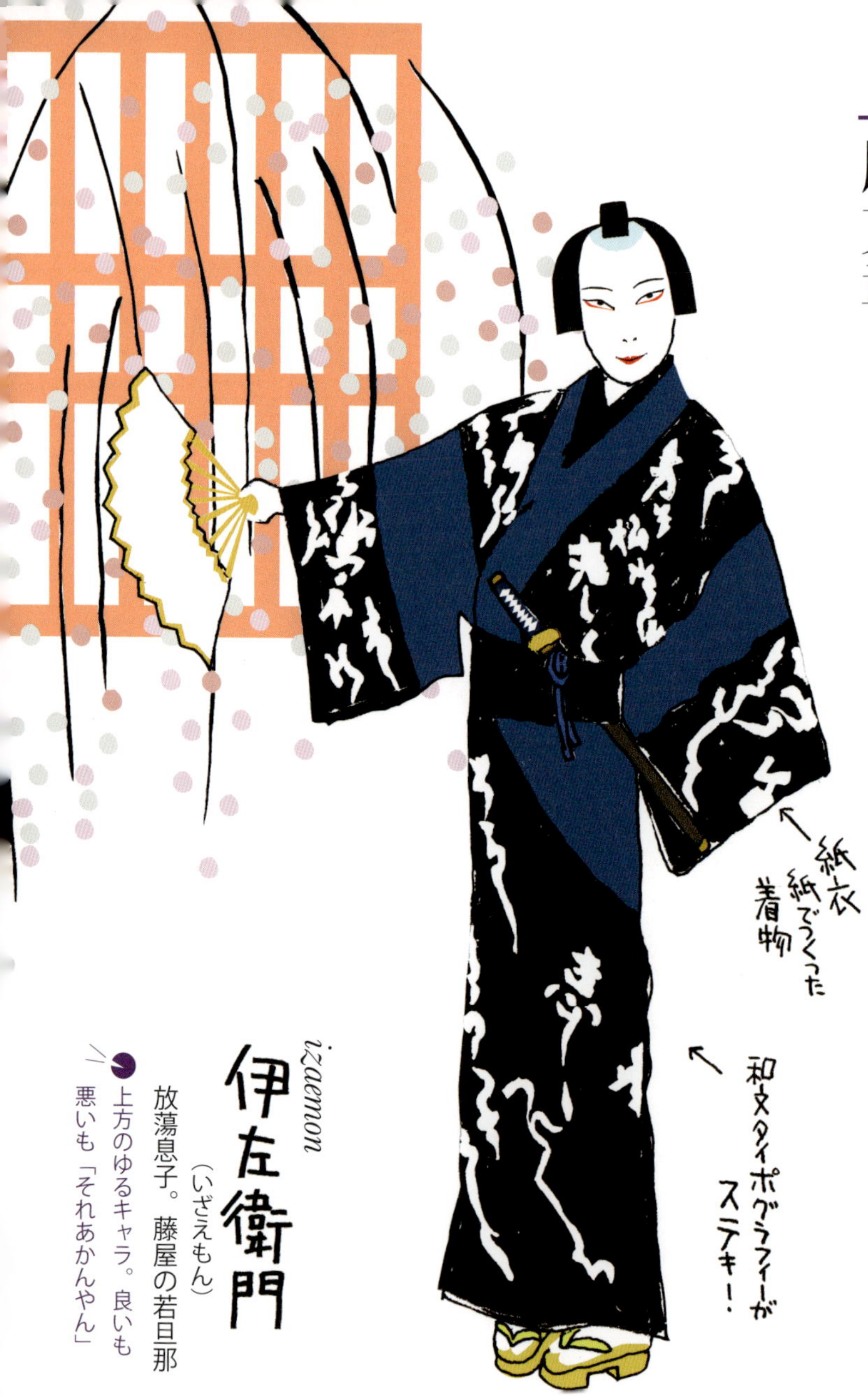

紙衣
紙でつくった着物
和文タイポグラフィーがステキ！

伊左衛門（いざえもん）

izaemon

放蕩息子。藤屋の若旦那

上方のゆるキャラ。良いも悪いも「それあかんやん」

あらすじ

先頃まで連日連夜豪遊をしていた豪商藤屋の若旦那「伊左衛門」が、華やかなりし大坂・新町の廓を訪れる。ところが、その姿は一転。紙で作った粗末な紙衣（かみこ）に、古びた編み笠をかぶり、随分と落ちぶれた様子。あまりの放埒に親から勘当され、七百貫目の借金を背負っているのだ。

かつて入れあげた遊女「夕霧」を想って訪れた伊左衛門を、吉田屋の主人「喜

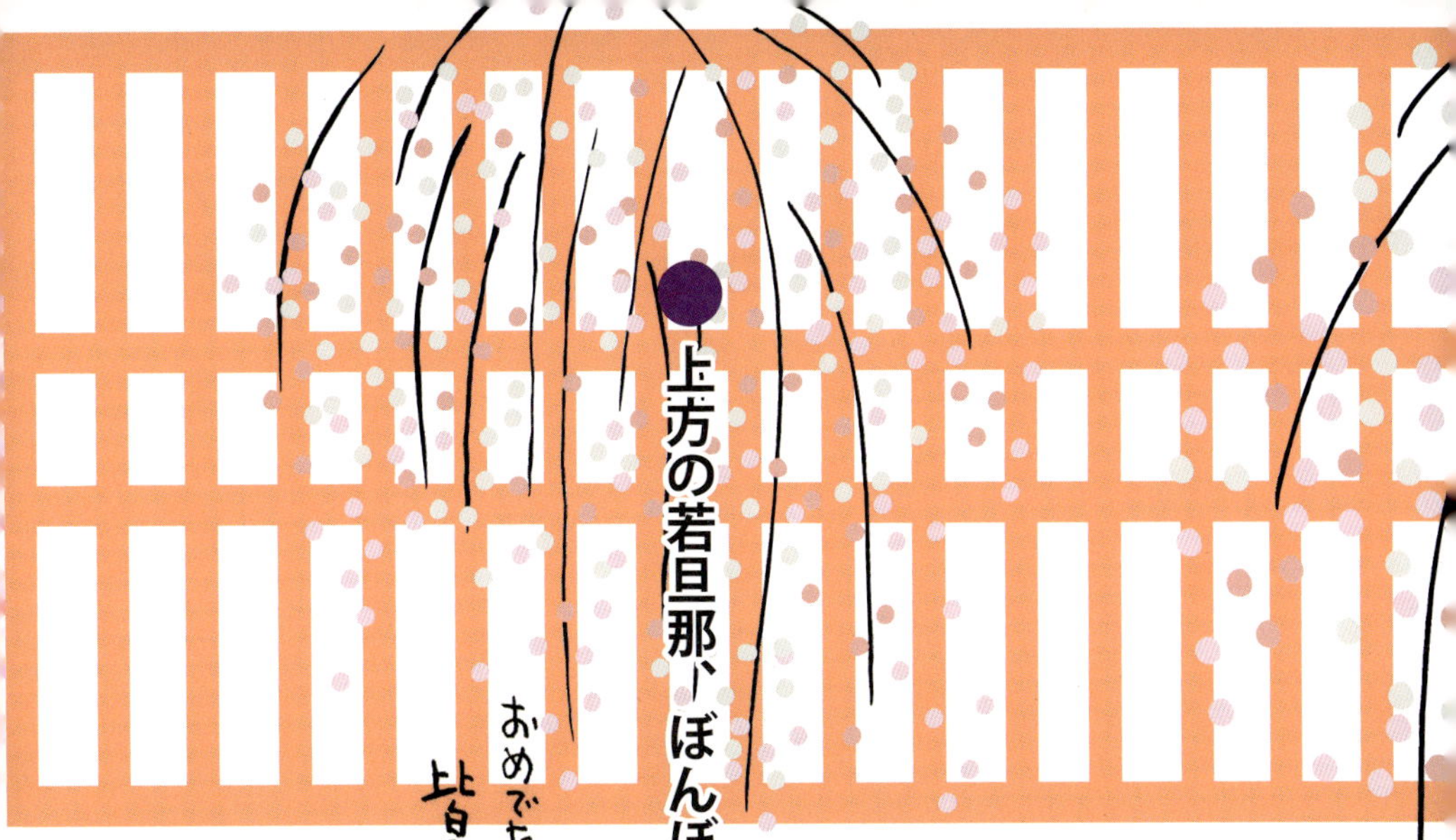

「それ
あかんやん」

●上方の若旦那、ぼんぼんのおかしさ、かなしさ

おめでたいお正月を迎えるためのお話
皆のあこがれ、歳末の出し物

左衛門」は快く招じ入れる。夕霧も伊左衛門が訪れたことを聞き早速座敷へやってくるが、伊左衛門は今まで他の客に呼ばれていた夕霧を見て嫉妬する。彼が夕霧へ放った嫌味から二人の痴話喧嘩が始まるが、自分の事を心配して病みやつれた夕霧の真心を感じ、心を開く。そこへ勘当を許されたという知らせと共に、夕霧身請けの千両箱が運ばれてくる。一同の喜びと笑顔あふれる座敷であった。

白浪五人男（しらなみごにんおとこ）

shiranamigoninotoko

青砥稿花紅彩画（あおとぞうしはなのにしきえ）

浜松屋の場

娘に化けて呉服店浜松屋を
だまそうとするが　化けの皮がはがれる
これも白浪三人の予定の内。

「知らざァ言ってきかせやしよう。
浜の真砂と五右衛門が歌に残せし
盗人の種は尽きねえ七里ヶ浜…」

あらすじ

鎌倉雪ノ下で呉服屋を営む浜松屋に、美しい娘と若党が買い物に来る。実はこの娘は「弁天小僧菊之助」、若党は「南郷力丸」、どちらも大盗賊「日本駄右衛門」の手下である。万引き犯を装う弁天小僧に騙され、娘の額に傷を付けた番頭を強請る若党。変装する二人の正体を見破ったのは、駄右衛門扮する黒頭巾の武士だった。片肌脱ぎになって居直る弁天小僧に、騒ぎを好まない主人「幸

二の腕の刺青で化けの皮をはがされたお嬢さんは男だった

弁天小僧菊之助

bentenkozokikunosuke

（べんてんこぞうきくのすけ）

- 美貌を武器に若殿や娘に化けて悪事を働く
- 正体が知られた時に開き直り片肌脱いで言う七五調の台詞

兵衛」は二〇両を差し出す。

弁天小僧と南郷は引き揚げたが、娘の正体を見破ったことで幸兵衛の信頼を得た駄右衛門はさらに全財産をせしめようとする。

弁天小僧ら三人に「忠信利平」、「赤星十三郎」を加えた五人は、稲瀬川に勢揃いする。追っ手に囲まれる中、少しも悪びれずに一人ずつ名乗りを上げる白浪（盗賊）たち。大立ち回りの末に弁天小僧は極楽寺の大屋根で切腹、他の四名もそれぞれ捕縛される。

白浪五人男

稲瀬川勢揃いの場

自分の因果と世のしがらみを華麗に語る物語
「白浪五人男」は、五人の盗賊が
[白浪物]とは盗賊を主題にしたものを指す。

「問われて名乗るもおこがましいが、産まれは遠州浜松在、十四の年から親に放れ、身の生業も白浪の、沖を越えたる夜働き、盗みはすれど非道はせず、人に情けを掛川の金谷をかけて宿々で、義賊と噂高札に、廻る配符の盥越し、危ねぇその身の境涯も、最早四十に人間の、定めは僅か五十年、六十余州に隠れのねぇ、賊徒の首領**日本駄右衛門**」

「さてその次は江ノ島の岩本院の児あがり、ふだん着慣れし振袖から髷も嶋田に由比ケ浜、打ち込む波にしっぽりと女に化けた美人局、油断のならぬ小娘も小袋坂に身の破れ、悪い浮名も龍の口土の牢へも二度三度、だんだん越える鳥居数、八幡様の氏子にて鎌倉無宿と肩書も島に育ってその名さえ、**弁天小僧菊之助**」

白浪の五人男が江戸の町を粋に騒がします

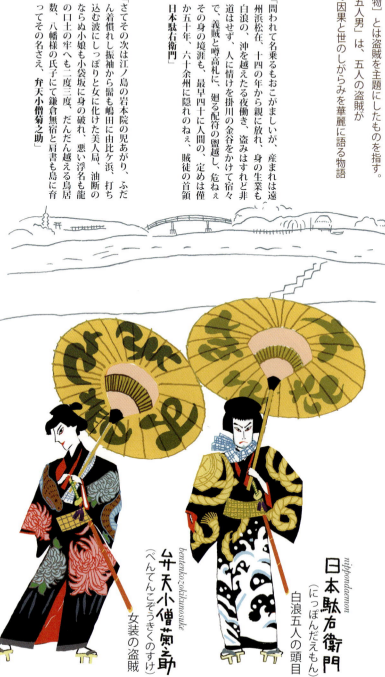

「続いて次に控えしは月の武蔵野江戸そだち、幼児（がき）の折から手癖が悪く、抜参りからぐれ出して旅を拵（かせ）ぎに西国を廻って首尾も吉野山、まぶな仕事も大峰に足をとめたる奈良の京、碁打と言って寺々や豪家へ入り込み盗んだ金が御嶽の罪科は、蹴抜の塔の二重三重、重なる悪事に高飛なし、後を隠せし判官の御名前騙りの**忠信利平**」

「またその次に列なるは、以前は武家の中小姓。故主のため切取りも、鈍き刃の腰越や砥上ケ原に身の錆を磨ぎなおしても抜き兼ねる、盗み心の深緑り、柳の都谷七郷、花水橋の切取りから、今牛若と名も高く、忍ぶ姿も人の目に月影ケ谷神輿ケ嶽、今日ぞ命の明け方に消ゆる間近き星月夜、その名も**赤星十三郎**」

「扨（さて）どんじりに控えしは、潮風荒き小ゆるぎの磯馴の松の曲りなり、人となったる浜そだち、仁義の道も白川の夜船へ乗り込む船盗人、波にきらめく稲妻の白刃に脅す人殺し、背負って立たれぬ罪科は、その身に重き虎ケ石、悪事千里というからはどうで終いは木の空と覚悟は予て鴫立沢、しかし哀れは身に知らぬ念仏嫌えな**南郷力丸**」

舞台の仕掛け

ワイヤーに吊るされて
観客の頭上を飛ぶ［宙乗り］

「**義経千本桜**」の源九郎

「**四谷怪談**」のお岩から小平へ

一枚の板に仕掛けがあり
同じ役者が一瞬にして役替わり

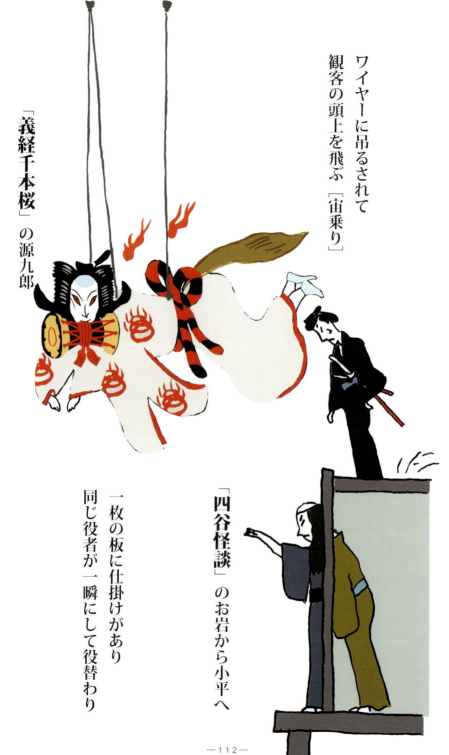

所作事

長唄、常磐津、清元、義太夫などの音楽をバックに舞踊を踊る。
能、狂言に由来するものが多い。

鷺娘 *sagimusume*

（さぎむすめ）

鷺娘 *sagimusume*

長唄の舞踊の一つ。
鷺が反り返り、降りしきる雪の中で
もだえる最期の場面は見どころ

あらすじ

長唄の舞踊で、歌舞伎の古典舞踊の中でも屈指の傑作。雪の降る寂しい沼のほとり、「妄執の雲晴れやらぬ朧夜の、恋に迷いしわが心…」と唄だけが響く真っ暗な舞台から始まる。やがて舞台は明るくなり、傘をさした白ずくめの娘が浮かび上がる。娘は鷺の化身で、白い衣裳を引き抜くと、一転して華やかな衣裳の町娘に。曲も明るい調子になり、娘は恋に目覚めたウキウキした

激しい恋の思いを、鷺の姿で凄艶に魅せる

心を語り、軽快に舞う。

その明るさは最後、再び一転する。夕暮れとなり、鷺の精は男との間を引き裂かれ、邪険な刃にかかり、鳥類ゆえに畜生地獄に落ちなければならないのである。人間でないものの苦しみ、恋の妄執に苦しむ鷺の精は、狂乱状態になり、そこへ雪が降りかかる。

三〇分ほどの短い時間の中で、変化が激しい舞踊だ。途中、三味線の長い演奏も聴かせどころである。

omiookane

近江のお兼（おうみのおかね）

閏茲姿八景（またここにすがたはっけい）

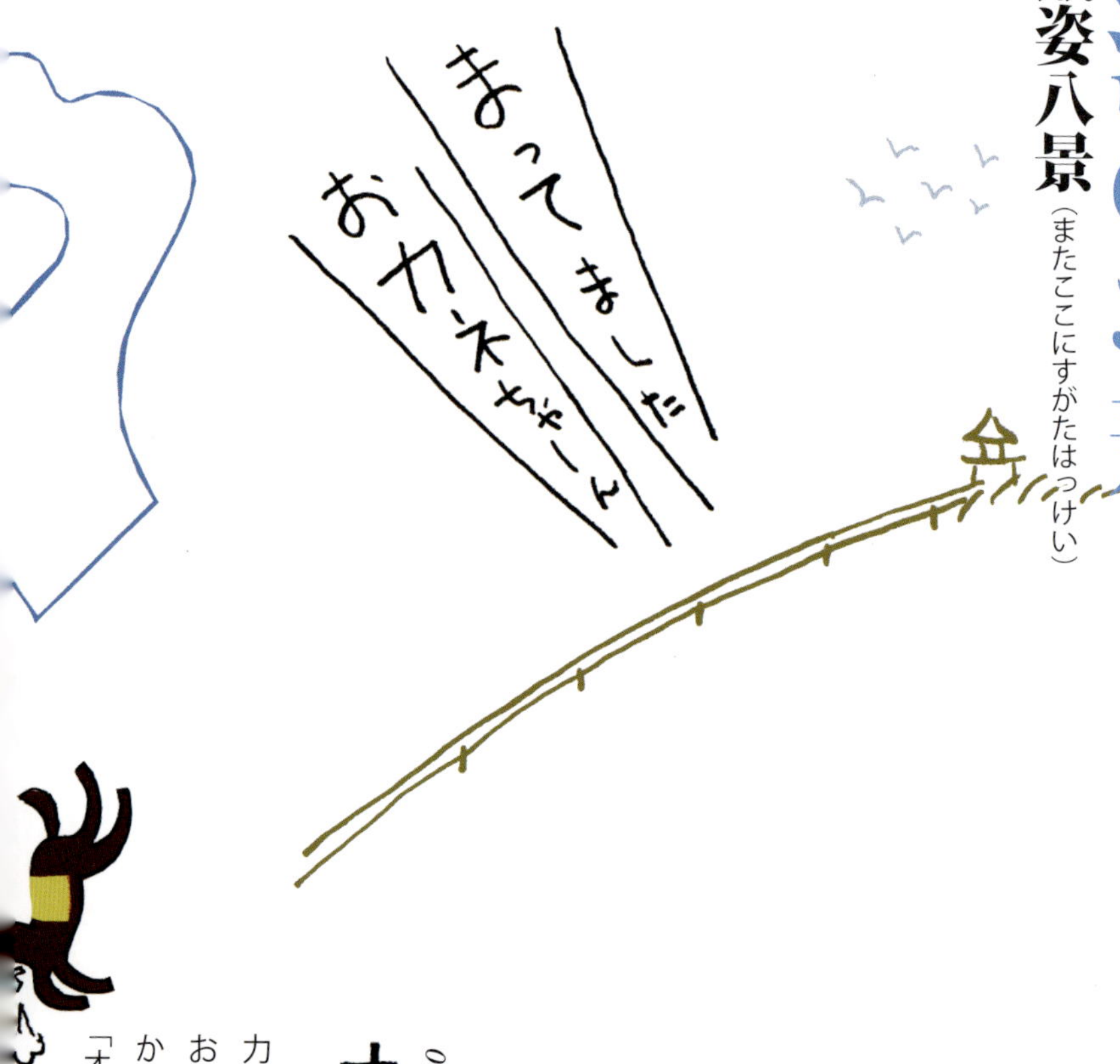

okane

お兼（おかね）

力持ちの晒女（さらしめ）。観客はお兼はお金に通じるからと、大歓迎で「オカネ！」と声を掛けた。

あらすじ

近江国琵琶湖のほとり、「近江八景」として名高い浮御堂（うきみ）が建つ堅田の浦。ここに、一人の田舎娘がいる。高足駄を履き、つまをからげた男勝りの姿。片手には布の入ったたらいを、もう一方には手綱を持ち、片手一本で暴れ馬を抑えこんでいる。この無双の大力を持った娘が、主人公の「お兼」である。

お兼は自分がどれだけ力持ちであるかを相撲になぞらえて力強く踊る。やが

近江八景になぞらえて日本舞踊八変化

てその内容が風光明媚な近江八景の様子を謳うものや、女らしい恋心を表すものへと変化していくところが年若い娘らしくてほほえましい。

ついで、手ぬぐいを吹き流しにかぶって、盆踊りを踊り始める。ここは、先ほどからは一転、色気の漂う場面。そして、団扇の先に付けた長い白布を打ち振る踊りとなる。空中を舞う晒の白さが印象に残る、美しい場面である。お兼が湖のほとりを去って行き、幕となる。

土蜘（つちぐも）
tsuchigumo

能「土蜘」より

● 土蜘の投げる蜘蛛の糸が美しい

「我がせこが来べき宵なり
ささがにの蜘蛛の振舞
かねてしるしも」

四天王（してんのう）
shitenno

源頼光の家来

渡辺綱（わたなべのつな）

卜部季武（うらべすえたけ）

碓井貞光（うすいさだみつ）

坂田金時（さかたきんとき）

あらすじ

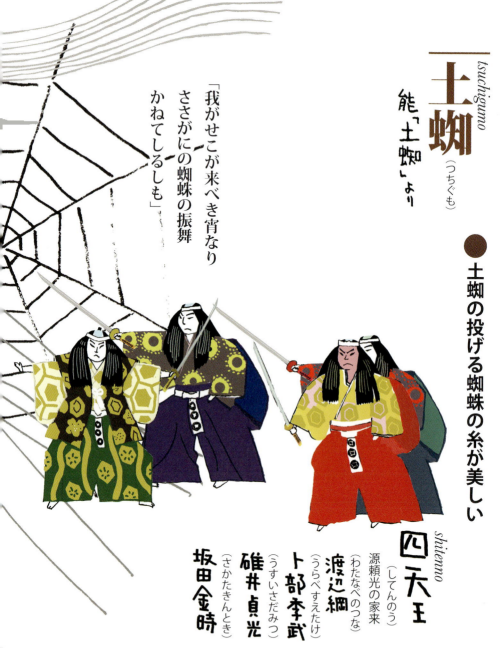

原因のわからぬ病に侵されている「源頼光」だが小康を得て、庭の菊を眺めるため縁まで出てきた。家臣の「平井保昌」は主君の体を気遣い、また侍女「胡蝶」は気なぐさめになるよう舞を舞う。

頼光がまどろんでいると、そこに現れたのは「智籌（ちちゅう）」と名乗る得体のしれない僧。病気平癒のための祈祷をすると言って頼光に近づくが、小姓がふと障子に映った影を見て、この僧が日本を

智籌（ちちゅう）

chichu

比叡山の僧と名乗るが
じつは土蜘の精

●「古今集」にある
「私が来るのを予感した
だろう」という台詞

魔界に堕とそうと企む「土蜘」の精であることに気付く。たちまち土蜘はその本性を現して頼光に向かい千筋もの糸を放つが、頼光は名刀・膝丸による一太刀を土蜘に浴びせる。

　姿を消した土蜘だが、保昌は頼光配下の四天王（坂田金時、卜部季武、渡辺綱、碓井貞光）らと共に、その血痕を辿ることで追跡する。そうして東寺の藪陰に古塚を発見した一行は、土蜘を見事討ち果たす。

身替座禅（みがわりざぜん）

migawarizazen

狂言「花子」より

玉の井（たまのい）

tamanoi

右京の奥方。太郎冠者の替わりに着物を被って待つ

あらすじ

大名「山蔭右京」には、美濃へ旅した際に出会った愛人の「花子」がいる。花子に会いに行きたいあまり、恐妻「玉の井」を呼び出し、仏詣をしたいと申し出たが許可されなかった。そこで一計を案じる右京。「信心に女は禁物。誰も近づかないように」と念を押した上で一室に籠り、そこで一晩座禅を組むのだという。呼び出した「太郎冠者」を刀で脅して座禅の身替りを承知させると、喜

恐妻家の浮気がみつかって大騒ぎ、艶笑譚

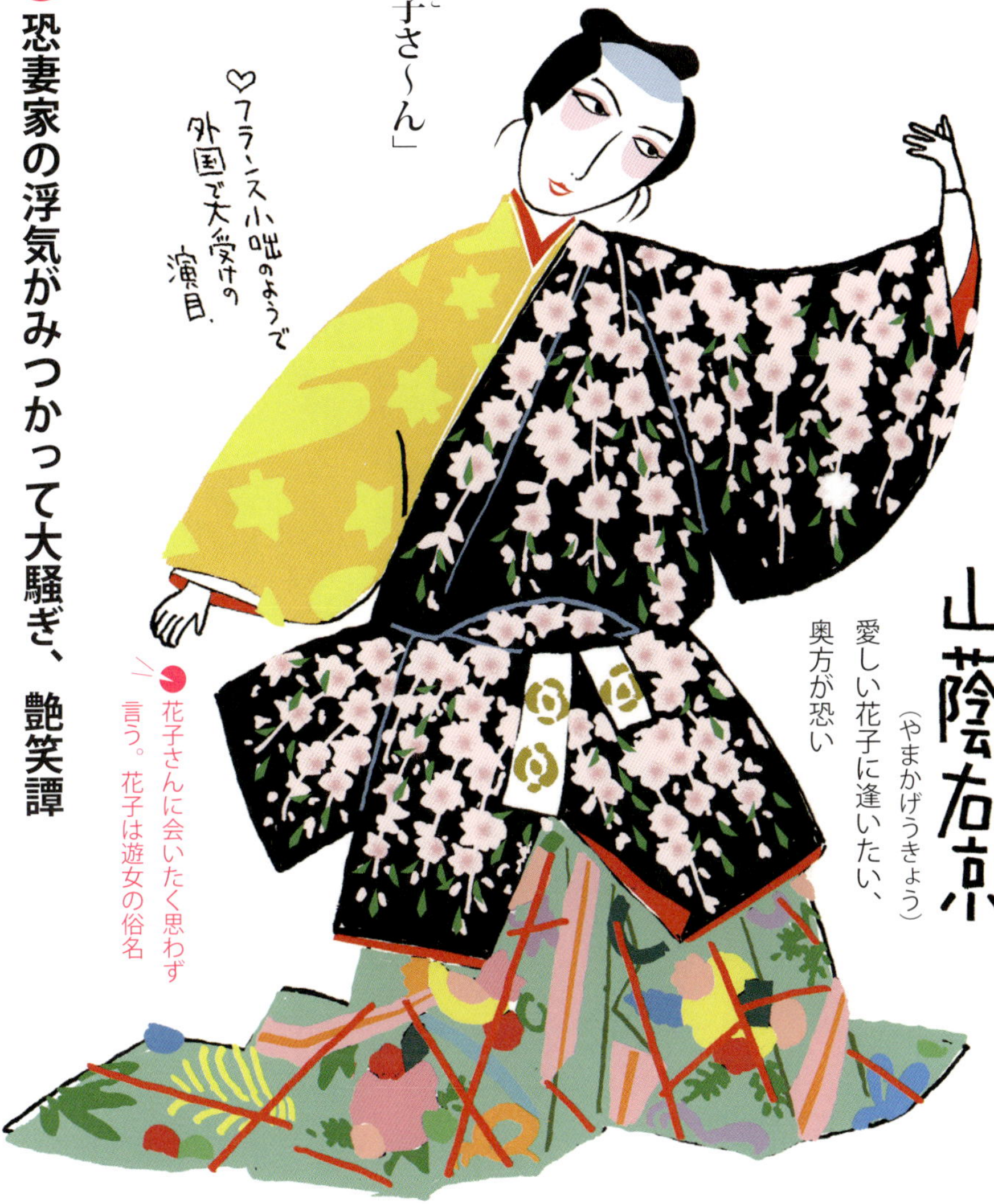
「花子（はなご）さ〜ん」
♡フランス小咄のようで外国で大受けの演目。

花子さんに会いたく思わず言う。花子は遊女の俗名

yamakageukyo
山蔭右京（やまかげうきょう）
愛しい花子に逢いたい、奥方が恐い

び勇んで花子のもとへと向かう。
一方、夫と片時も離れたくない玉の井は、座禅中の夫の様子を見に座敷へと向かう。座禅を組んでいるのが太郎冠者だと気づき、怒り狂うと、太郎冠者に命じて自らが身替りになるという。翌朝ほろ酔いで帰宅した右京は、座禅を組む太郎冠者の前で昨夜の顛末を楽しげに語る。さてそろそろ座禅をしなければと、右京が太郎冠者の被衣（かつぎ）を取ると、中からは怒り狂った玉の井が現れた。

雨の五郎（あめのごろう）

amenogoro

八重九重花姿絵（やえここのえはなのすがたえ）

曽我五郎（そがのごろう）

sogagoro

曽我五郎時致。曽我兄弟の弟

あらすじ

鎌倉時代、幼い頃から十八年間の苦労を重ねた末に父の敵を討った曽我十郎・五郎兄弟の物語を基にした舞踊である。いつの日か父の敵を討つという大望を胸に秘めた「曽我五郎時致（ときむね）」は喧嘩が強く、美人にモテる江戸っ子。蛇の目の傘に、紫の頬かむり、蝶を大胆に大きく刺繍した着物が粋である。五郎は今、春雨の中、大磯の廓に向かっている。お目当ては大磯の廓にい

荒事の五郎の明るく優美な和事の舞い

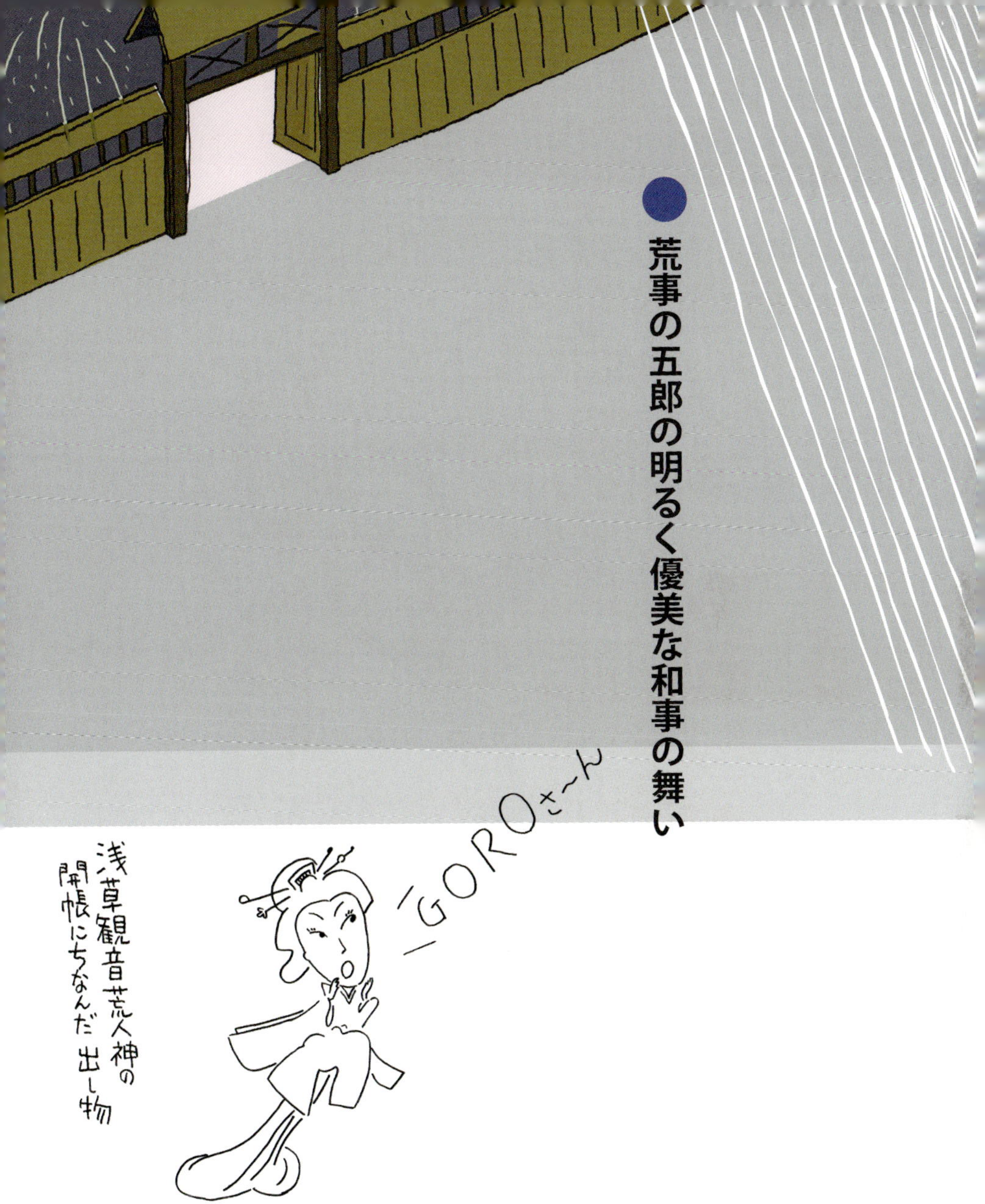

GOROさ～ん
浅草観音荒人神の開帳にちなんだ出し物

る最高級の遊女であり、恋人の「化粧坂（けわいざか）の少将」。雨の日も雪の日も通わない日はないほど、惚れ込んでいる。恋人からもらった恋文を読み返していると、酔っぱらい達が絡んで来るが、たちまちに投げ飛ばしてしまう。敵討ちに燃える荒々しさ・力強さと、恋人を想う若者らしいみずみずしさをどのように表現するかに高い技術が要求される。軽快なテンポとメロディーが心地よく、五郎の男ぶりを楽しみたい。

関の扉（せきのと）
sekinoto

積恋雪関扉（つもるこいゆきのせきのと）

関守関兵衛（せきもりせきべえ）
sekimorisekibee

実は大伴黒主の変装

● 桜吹雪と雪の混じる早春のファンタジー

小町桜（こまちざくら）
komachizakura

（墨染桜の精）

桜の精が天下を狙う黒主の正体を暴き野望を砕く

「色になってくださんせ」

● 桜の精が春の訪れを「色」と「恋人」に掛けて言う台詞

衣裳「ぶっ返り」とは。
はじめ卑しい樵の姿から
天下転覆を狙う大悪人に。
要所の糸を抜くと一瞬で
黒の束帯に変わるところが見せ場。
どうだ驚いたか！

あらすじ

雪の降り積もる逢坂山の関のほとりには先帝の御陵があり、「良峯宗貞」（後の僧正遍昭）は先帝遺愛の墨染桜をこの地に移し、菩提を弔っている。そこへ恋人である「小町姫」がやってくる。小町姫は宗貞の弟「安貞」が謀反人たちに追いつめられて殺害されたことを語り、関守「関兵衛」が怪しいと睨んだ宗貞は関兵衛捕縛の用意をさせる。

一方、素知らぬふりを決め込

大伴黒主

otomonokuronushi

（おおとものくろぬし）

国家転覆を狙う大悪人、六歌仙の一人

む関兵衛だが、酒盃に映った星を見て、今宵桜の樹を伐って護摩を焚けば天下をとれるという日であることに気付く。墨染桜に向かいまさかりを振り上げた途端に気を失う関兵衛。その後、桜の中から現れた美女「傾城墨染」と廓話に興じるが、この傾城墨染の正体は桜の精で、死んだ安貞の恋人であった。関兵衛も謀反人「大伴黒主」だとその正体を明かし、二人は互いを滅ぼそうと激しく争い合う。

供奴（ともやっこ）*tomoyakko*

拙筆七以呂波（にじりがきななついろは）

えー奴さんどちらへ、旦那お迎えに

奴・照平（やっこ・てるへい）*yakko・teruhei*

見失った旦那をコミカルに探す

あらすじ

夜桜が美しく彩る新吉原に、旦那の供をして来た奴が駆けてくる。ところが、定紋の入った提灯を高く掲げ、旦那の自慢をしているうちに旦那の行き先を見失ってしまう。奴は旦那を探すため、廓の中へ駆け去って行く。

三味線と鼓に合わせた軽快な踊りや足拍子が楽しい。足拍子の最後に行われる、両足を開いて腰をつき一瞬の間の後に再度立ち上がる「ギバ」も見所である。

三社祭（さんじゃまつり）

sanjamatsuri

弥生の花浅草祭（やよいのはなあさくさまつり）

祭りだ祭りだ、江戸の情緒

竹成（たけなり） *takenari*

海で観音様を見つけた漁師の弟

浜成（はまなり） *hamanari*

海で観音様を見つけた漁師の兄

あらすじ

浅草三社祭の山車人形に魂が入って踊りだす話が原作となった清元舞踊である。ここは浅草宮戸川。浅草神社に祀られている「浜成」「竹成」の兄弟の人形は、三社祭の縁起を唄う清元の曲で人間となる。空から降りてきた善悪二つの玉が憑りつくと、二人は善と悪の面をかぶって踊り始める。善と悪、表と裏を表現した軽快な踊りの後、二人は面をはずし舟に乗り込んでいく。

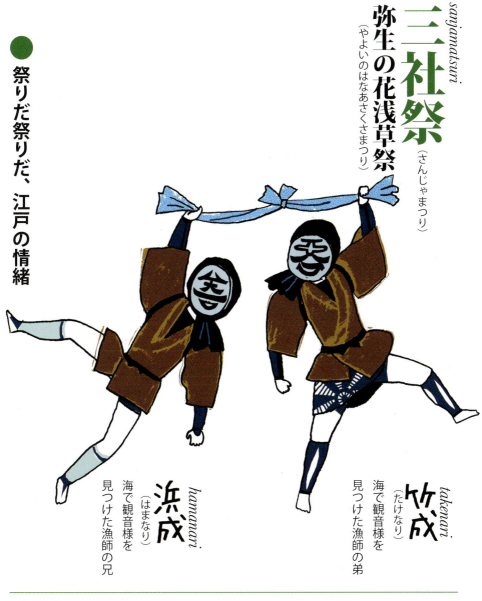

太刀盗人

tachinusubito

（たちぬすびと）

「ドロボウだ」

万兵衛

mambee

（まんべえ）

京見物に来た田舎者の旅侍

あらすじ

田舎から都にやってきた「万兵衛」が故郷への土産物を買おうと市場へやってきた。ところが、雑踏に紛れて盗人の「九郎兵衛」に太刀を盗まれてしまう。万兵衛は大声を出して人を呼ぶが、九郎兵衛も同じように大声を出して人を呼ぶ。

　この騒ぎを聞きつけて目代がやってきた。ところが、九郎兵衛も自分の太刀だと言い張るため埒が明かない。真の持ち主を明らかにしようと

「ドロボウだ」

どてらが
なぜか
膨れあがっている
何でかな

口先三寸も、まいった

九郎兵衛（くろべえ）

kurobee

黄金柄の太刀をねらうすっぱ

刀を持って、どちらも「ドロボウだ」「ドロボウだ」と言い合う

太刀の由来を聞いても、万兵衛の話を盗み聞きした九郎兵衛も同じように答える。盗み聞きに気付いた万兵衛は、「太刀の寸尺は？」との問いの答えを目代の耳元でそっとささやいた。万兵衛の答えを聞くことができなかった九郎兵衛は、「寸尺は？」の問いに「相州物でござる」と頓珍漢な返答をしてしまう。とうとう盗人とばれてしまった九郎兵衛は、太刀を置いて脱兎のごとく逃げ出して行った。

棒しばり

boshibari

（ぼうしばり）

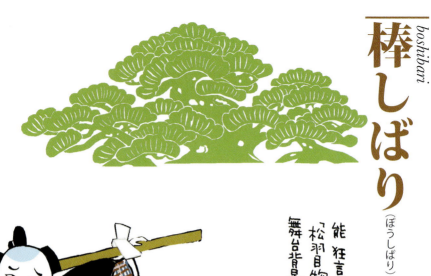

能 狂言に題材をとったものを「松羽目物」といいます。
舞台背景には老松が描かれています。

次郎冠者

jirokaja

（じろうかじゃ）

松兵衛の家来。酒のみ

あらすじ

主人「松兵衛」の留守の隙を見て、いつも酒を盗み飲みしている「太郎冠者」と「次郎冠者」。この二人を懲らしめるため、松兵衛は一計を案じる。まずは、太郎冠者を呼び出し、次郎冠者の棒術の腕前を見せてほしいと演じさせ、隙を見て次郎冠者の両手を棒に括りつけてしまった。その後松兵衛は、太郎冠者の両手を後ろ手に縛り、酒を飲まれる心配がなくなったと安心して出か

酒飲みたやと知恵しぼる滑稽さ

両手を縛られた
不自由な格好で
酒盛をしたり
「汐汲」の踊りをする面白さ。

太郎冠者
tarokaja
（たろうかじゃ）
松兵衛の家来。酒のみ

けて行った。

　まんまと松兵衛に乗せられて悔しがりながらも、不自由な両手のまま酒蔵へ忍び込む二人。酒壺を開けて盃を満たし、まずは次郎冠者が盃を持って太郎冠者に飲ませ、次は太郎冠者が次郎冠者に飲ませと互いに協力して酒を飲む。さっそく酔っぱらい、二人は両手を縛られた状態で踊り始めた。そこへ帰ってきた松兵衛は怒って二人を追い回すが、次郎冠者の棒で足を掬われてしまう。

連獅子（れんじし）
renjishi

能「石橋」の舞踊化

左近（さこん）
sakon

踊ると赤い子獅子の化身となる

あらすじ

二人の狂言師があらわれ、「右近」が白い獅子を、「左近」が赤い獅子を持ち、深い谷底に愛しい我が子を何度も突き落とす試練を与えて、自力で這い上がってくる強い子どもだけを育てるという伝説を語り、その様子を舞い踊る。

それを繰り返すうちに二人に獅子の精が乗り移り、白毛の親獅子と赤毛の子獅子に変身するのだ。親子は喜び合って「毛振り」などの勇壮

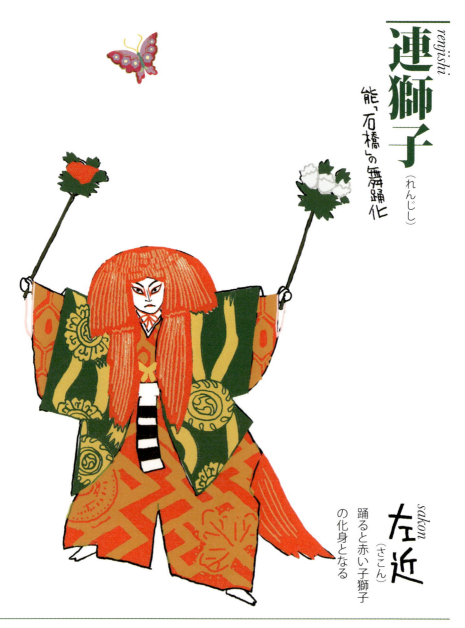

獅子は子を千尋の谷に蹴落とすの喩え

右近（うこん）*ukon*
踊ると白い親獅子の化身となる

な舞を踊る。

　能の「石橋」の替えの型に親子の獅子で狂いを見せる演出があり、それを歌舞伎にしたもの。連獅子は、細かいストーリーより舞踊を見て楽しむ演目で最後に紅白の獅子がダイナミックに毛を振る「毛振り」が見どころだ。

　白獅子（右近）が親、赤獅子（左近）が子どもの設定なので、実際の父子で演じる場合もある。獅子の親子に実在の父子を置き替えて鑑賞すると感慨深い。

黒塚（くろづか）
kurozuka

能「安達が原」より。
暗闇の中に少しの光を見い出す。
真如の月

阿闍梨祐慶（あじゃりゆうけい）
ajariyukei

諸国行脚の熊野の高僧。鬼婆も僧の仏の祈りで成仏する

あらすじ

辺り一面に芒（すすき）が生い茂る奥州安達が原。人影一つ見えない寂しい草原の中に一軒のあばら家が見える。道に迷った「阿闍梨祐慶」の一行は、このあばら家で一夜の宿を求める。ここに住む老女「岩手」は、男に捨てられた過去を一行に語り、尊い阿闍梨に会えたことを喜ぶ。

夜中、薪を取りに家の外へ出て、仏の教えに導かれる喜びを一人かみしめて踊る岩手。そこに、一行の一人「強

「月をよすがの閨（ねや）のうち」

真如（しんにょ）の月ひかりのなか、踊り出す鬼女

鬼女（きじょ） kijo

安達が原に棲む人食いの鬼女

毎夜さみしく月と一緒の閨である

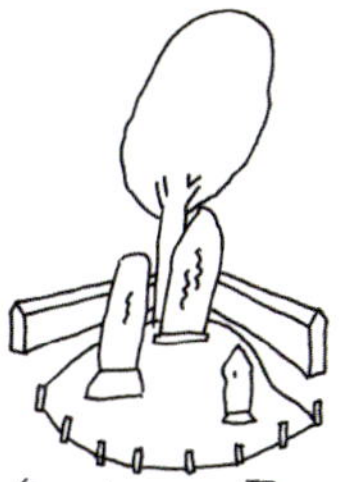

奥州安達ヶ原の黒塚

力太郎吾」が家から飛び出してくる。彼は「決して開けてはいけない」と岩手に念を押されていた部屋を覗いてしまったのだ。実は、岩手は旅人を喰らう鬼で、その部屋にはおびただしい数の人骨が散乱していた。

仏の教えに自ら進んで解脱（げだつ）しようとしていた岩手だったが、信じていた阿闍梨一行に裏切られ、鬼の本性をあらわにして襲い掛かる。阿闍梨達は法力によって岩手を祈り伏せるのだった。

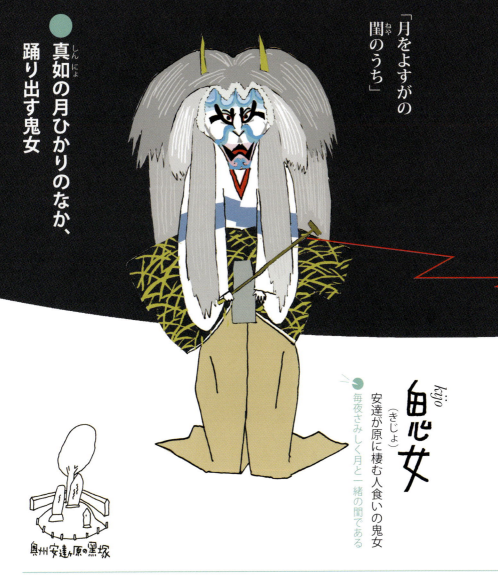

娘道成寺（むすめどうじょうじ）

musumedojoji

京鹿子娘道成寺（きょうがのこむすめどうじょうじ）

●春、花爛漫の怨念の舞い

あらすじ

道成寺に伝わる安珍・清姫の伝説をもとにした能の「道成寺」を舞踊化。美しい「清姫」は熊野詣の僧「安珍」に恋をする。夫婦になる約束をするが、修行中の身である安珍はその約束を破る。怒った清姫は蛇となり、安珍が身を隠した道成寺の鐘にまといつき、鐘ごと安珍を焼き殺した上、自身も息絶えた。

その後、再建された鐘の供養の折、美しい白拍子「花子」が

白拍子花子（しらびょうしはなこ）

shirabyoshihanako

白拍子（踊子）が踊るうちに悲恋の「清姫」の霊が乗り移り怨念の踊りになる。蛇体となった白拍子は、僧の「押戻（おしもどし）」によって舞台中央に戻され、法力によって解脱する

やって来て、ぜひ拝ませてほしいと頼み込む。清姫の一件以来、女人禁制の寺となっていたが、僧たちは白拍子の美しさに見ほれ、「舞を舞うなら」と承知する。

白拍子の舞にうっとり見とれる僧たち。すると突然、白拍子の形相が変わり、鐘の中に飛び込む。白拍子は実は清姫の霊。鐘を引き上げると白拍子は蛇となっていた。舞踊の際、一瞬のうちに着物の帯が替わる「引抜」の演出が素晴らしい。

娘道成寺

●蛇体となった白拍子は、
［押戻］によって戻され
僧の法力によって解脱する。

［押戻］の出てくる
演目
「娘道成寺」
「双面」
「女鳴神」

押戻
oshimodoshi
（おしもどし）

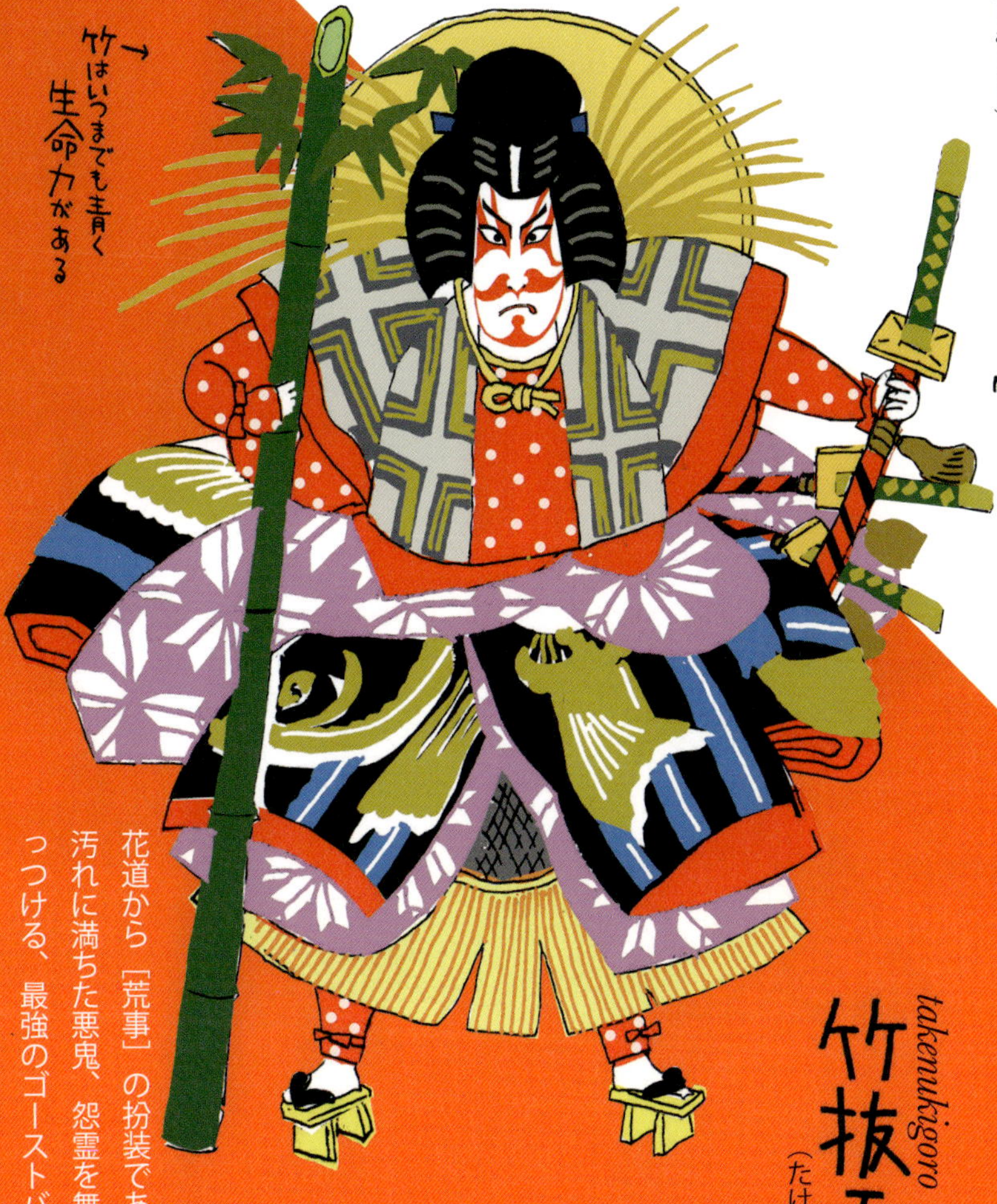

竹抜五郎
takenukigoro
（たけぬきごろう）

花道から「荒事」の扮装であらわれ悪を押戻す。汚れに満ちた悪鬼、怨霊を舞台に押戻しやっつける、最強のゴーストバスター。仏教の鎮魂である。

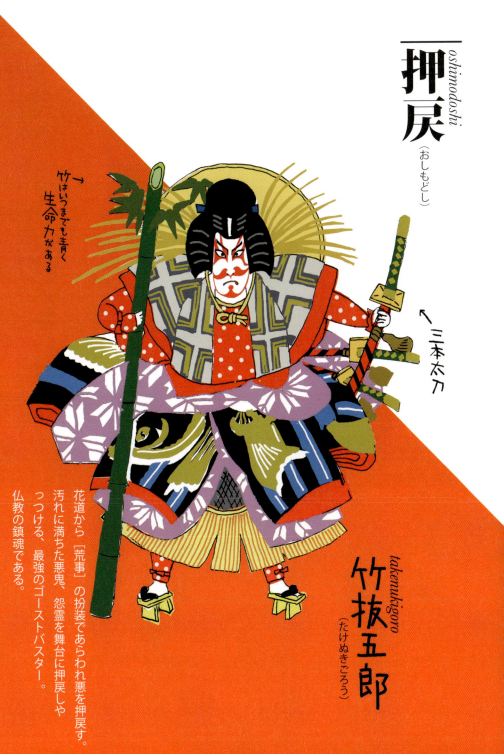

○東京歌舞伎絵地図

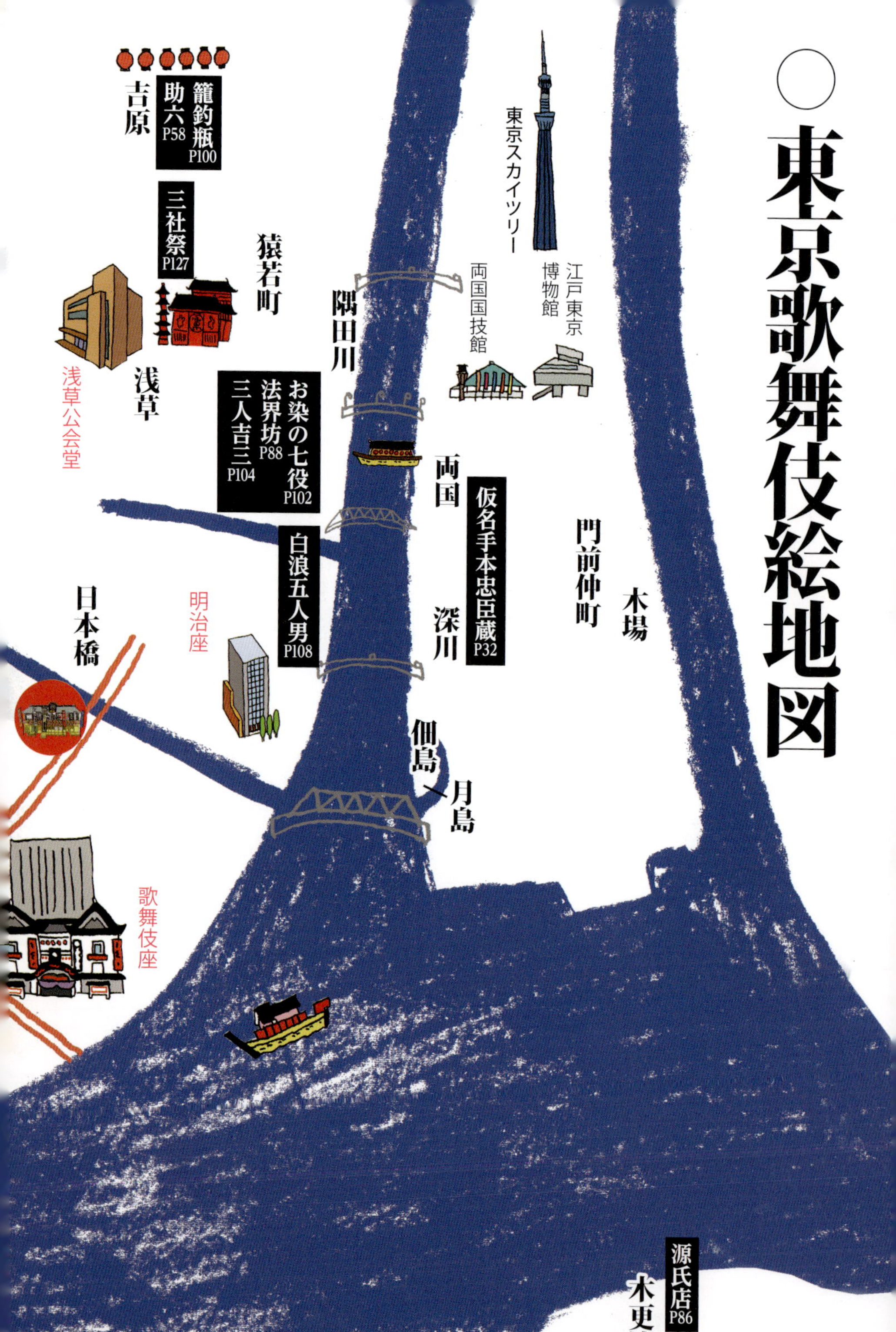

吉原
籠釣瓶 P100
助六 P58
三社祭 P127
猿若町
浅草
浅草公会堂
東京スカイツリー
両国国技館
江戸東京博物館
隅田川
お染の七役 P102
法界坊 P88
三人吉三 P104
両国
仮名手本忠臣蔵 P32
門前仲町
木場
深川
白浪五人男 P108
明治座
日本橋
佃島
月島
歌舞伎座
源氏店 P86
木更津

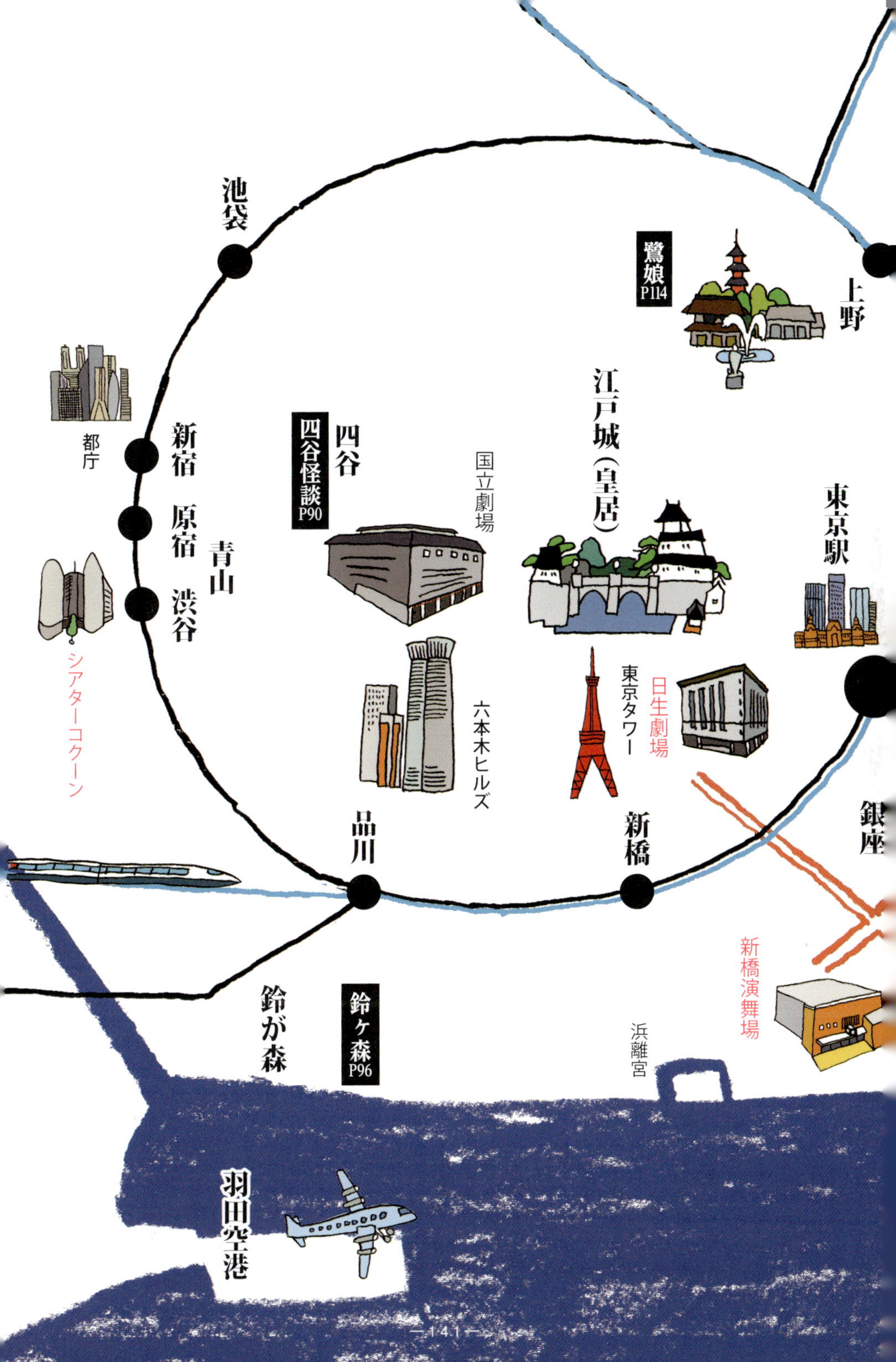

池袋
鷺娘
P114
上野
都庁
新宿
原宿
渋谷
青山
四谷怪談
P90
四谷
国立劇場
江戸城（皇居）
東京駅
シアターコクーン
六本木ヒルズ
東京タワー
日生劇場
銀座
品川
新橋
新橋演舞場
鈴が森
鈴ヶ森
P96
浜離宮
羽田空港

（仮名手本忠臣蔵）…………………… 34
寺子屋（菅原伝授手習鑑）……… 30
天竺徳兵衛（天竺徳兵衛韓噺）… 42
渡海屋・大物浦（碇知盛）
（義経千本桜）………………………… 20
供奴（拙筆七以呂波）………… 126
鳥居前（義経千本桜）……………… 19

な
鳴神（雷神不動北山桜）………… 76
廿四孝 十種香 狐火（本朝廿四孝）… 40

は
八犬伝（南総里見八犬伝）……… 82
弁慶上使（御所桜堀川夜討）…… 56
法界坊（隅田川続俤）……………… 88
棒しばり……………………… 130

ま
身代座禅……………………… 120
娘道成寺（京鹿子娘道成寺）… 136

や
矢の根……………………………… 78
吉田屋（廓文章）……………… 106
義経千本桜………………………… 18
四谷怪談（東海道四谷怪談）…… 90

ら
蘭平物狂（倭仮名在原系図）…… 74
連獅子………………………… 132

お問い合わせ先
「江戸楽」編集部
〒 103-0024
東京都中央区日本橋小舟町 2-1
130 ビル 3F
TEL 03-5614-6600　FAX 03-5614-6602
http://www.a-r-t.co.jp/edogaku

索引

あ

雨の五郎（八重九重花姿絵）… 122
石切梶原（梶原平三誉石切）…… 48
一条大蔵譚（鬼一法眼三略巻）… 50
外郎売…… 66
近江のお兼（閏茲姿八景）…… 116
お染の七役（於染久松色読販） 102

か

景清…… 54
籠釣瓶（籠釣瓶花街酔醒）…… 100
仮名手本忠臣蔵…… 32
勧進帳…… 80
熊谷陣屋（一谷嫩軍記）…… 44
車引（菅原伝授手習鑑）…… 28
黒塚…… 134
毛抜（雷神不動北山桜）…… 62
源氏店（与話情浮名横櫛）…… 86
鯉つかみ（湧昇水鯉滝）…… 64
河内山（天衣紛上野初花）…… 98

さ

鷺娘…… 114
実盛物語（源平布引滝）…… 52
鞘当（浮世柄比翼稲妻）…… 94
三社祭（弥生の花浅草祭）…… 127
三人吉三（三人吉三廓初買）… 104
楼門（楼門五三桐）…… 46
四の切（河連法眼館）
（義経千本桜）…… 24
暫…… 70
白浪五人男（青砥稿花紅彩画）… 108
俊寛（平家女護島）…… 38
菅原伝授手習鑑…… 26
助六（助六由縁江戸桜）…… 58
鮓屋（義経千本桜）…… 22
鈴ヶ森（浮世柄比翼稲妻）…… 96
関の扉（積恋雪関扉）…… 124
象引…… 68

た

対面（寿曽我対面）…… 36
太刀盗人…… 128
土蜘…… 118
鉄砲渡し・二つ玉

イラストレーター

辻村 章宏

大阪府出身。阪急百貨店企画宣伝部を経てフリーに。絵本、流通、ファッション、イベント等様々なジャンルのイラストレーション、ポスターデザインを手掛け多数の受賞歴を持つ。元・日本グラフィック協会会員。ICOGRADA 会員。展覧会多数。趣味は世界グルメの旅。

イラスト・解説　辻村章宏
アドバイザー　佐藤博之
（演劇ライター）
編著　「江戸楽」編集部

DTP　KAJIRUSHI

【参考文献】
市川染五郎『市川染五郎と歌舞伎へ行こう！』旬報社
大倉舜二 写真　上村以和於 文『歌舞伎』講談社インターナショナル
吉田千秋 写真　服部幸雄 監修『歌舞伎いろは絵草紙』講談社
『歌舞伎がわかる本』双葉社
水落潔『歌舞伎鑑賞辞典』東京堂出版
『歌舞伎事典　歌舞伎鑑賞のすべてを網羅　歌舞伎の魅力大図鑑』講談社
服部幸雄　富田鉄之助　廣末保『歌舞伎事典』平凡社
photographs by Shunji ohkura　Introduction by Donald Keene　Text by Iwao Kamimura
『歌舞伎　Kabuki Today The Art and Tradition』講談社インターナショナル
渡辺保『新版 歌舞伎手帖』講談社
河竹登志夫 監修『伝統の美　歌舞伎　昇華された芸の世界』立風書房
伊達なつめ『歌舞伎にアクセス』淡交社
犬丸治 監修『歌舞伎入門　役者がわかる！ 演目がわかる』世界文化社
市川染五郎 監修　君野倫子『歌舞伎のかわいい衣裳図鑑』小学館
藤田洋『歌舞伎の事典　演目ガイド 181 選』新星出版社
中村雀右衛門 監修　岩田アキラ『歌舞伎のデザイン図典』東方出版
鎌倉惠子監修『一冊でわかる　歌舞伎名作ガイド 50 選』成美堂出版
金沢康隆『歌舞伎名作事典』青蛙房
石井伊都子 編『歌舞伎ワンダーランド』ぴあ株式会社
河竹登志夫 監修『原色歌舞伎詳細』グラフ社
篠山紀信 写真　坂東玉三郎 案内役『ザ歌舞伎座』講談社
薄井賢三 写真『十二代目市川團十郎襲名　海老蔵から團十郎へ』集英社
中村吉右衛門 監修『中村吉右衛門の歌舞伎ワールド』小学館
五十川晶子『はじめての歌舞伎　演目ガイド 80』池田書店
立木義浩 写真『平成の福助　中村児太郎写真集』マガジンハウス
『観にいきたい！はじめての歌舞伎』学研パブリッシング
辻和子『魅力満載！一番わかりやすい歌舞伎イラスト読本』実業之日本社

松竹　六月花形歌舞伎　湧昇水鯉滝　通し狂言　鯉つかみ　筋書
国立劇場　第 57 回　歌舞伎鑑賞教室　筋書
国立劇場　第 128 回　舞踊公演　筋書
国立劇場　第 152 回　一月歌舞伎公演　筋書
国立劇場　第 262 回　平成二十一年初春歌舞伎公演　筋書
国立劇場　第 265 回　平成二十一年十一月歌舞伎公演　筋書
国立劇場　青年歌舞伎公演　第 13 回　歌舞伎会　筋書

歌舞伎キャラクター絵図
厳選 53 演目の見方・楽しみ方　新版

2019年9月15日　第1版・第1刷発行

イラスト・解説　辻村　章宏（つじむら　のぶひろ）
編　著　「江戸楽」編集部（「えどがく」へんしゅうぶ）
発行者　メイツ出版株式会社
代表者　三渡　治
〒102-0093　東京都千代田区平河町一丁目1-8
TEL：03-5276-3050（編集・営業）
03-5276-3052（注文専用）
FAX：03-5276-3105
印　刷　三松堂株式会社

ご意見・ご感想はホームページから承っております
メイツ出版ホームページアドレス　http://www.mates-publishing.co.jp/

編集長：折居かおる　副編集長：堀明研斗　企画担当：折居かおる

※本書は 2016 年発行の『歌舞伎キャラクター絵図　厳選 53 演目の見方・楽しみ方』の新版です。